中国古代哲学

王 俊 编著

中国商业出版社

图书在版编目（CIP）数据

中国古代哲学 / 王俊编著. -- 北京：中国商业出版社，2017.1

ISBN 978-7-5044-9665-2

Ⅰ.①中… Ⅱ.①王… Ⅲ.①古代哲学 - 中国 Ⅳ.① B21

中国版本图书馆 CIP 数据核字 (2016) 第 317610 号

责任编辑：常　松

中国商业出版社出版发行
010-63180647　www.c-cbook.com
（100053 北京广安门内报国寺 1 号）
新华书店经销
三河市同力彩印有限公司

*

710×1000 毫米　16 开　15 印张　200 千字
2017 年 9 月第 1 版　2017 年 9 月第 1 次印刷
定价：45.00 元

* * *

（如有印装质量问题可更换）

《中国传统民俗文化》编委

主　编	傅璇琮	著名学者,原国务院古籍整理出版规划小组秘书长,清华大学古典文献研究中心主任教授,原中华书局总编辑
顾　问	蔡尚思	著名历史学家,中国思想史研究专家
	卢燕新	南开大学文学院副教授
	王永波	四川省社会科学院文学研究所副研究员
	叶　舟	中国思维科学研究院院长,清华大学、北京大学特聘教授
	于春芳	北京第二外国语学院教授
	杨玲玲	西班牙文化大学文化与教育学博士
编　委	陈鑫海	首都师范大学中文系博士
	李　敏	北京语言大学古汉语古代文学博士
	赵　芳	出版社高级编辑,曾编辑出版过多部文化类图书
	韩　霞	山东教育基金会理事,作家
	陈　娇	山东大学哲学系讲师
	吴军辉	河北大学历史系讲师
	石雨祺	出版社高级编辑,曾编辑出版过多部历史类图书
	王　欣	全国特级教师

策划及副主编　王　俊

序 言

中国是举世闻名的文明古国，在漫长的历史发展过程中，勤劳智慧的中国人，创造了丰富多彩、绚丽多姿的文化，可以说人创造了文化，文化创造了人，这些经过锤炼和沉淀的古代传统文化，凝聚着华夏各族人民的性格、精神、智慧，是中华民族相互认同的标志和纽带。在人类文化的百花园中摇曳生姿，展现着自己独特的风采，对人类文化的多样性发展作出了巨大贡献。中国传统民俗文化内容广博，风格独特，深深地吸引着世界人民的眼光。

正因如此，我们必须深入学习贯彻十八届三中全会精神，按照中央的规定，加强文化建设。2006年5月，时任浙江省委书记的习近平同志就已提出："文化通过传承为社会进步发挥基础作用，文化会促进或制约经济乃至整个社会的发展。"又说："文化的力量最终可以转化为物质的力量，文化的软实力最终可以转化为经济的硬实力。"（《浙江文化研究工程成果文库总序》）今年他去山东考察时，又再次强调：中华民族伟大复兴，需要以中华文化发展繁荣为条件。

学习习近平同志的重要讲话，确可体会到，在政治、经济、军事、社会和自然要素之中，文化是协调各个要素协同发展、相关耦合的关健。正因为此，我们应该对华夏民族文化进行广阔、全面的检视。我们应该唤醒我们民族的集体记忆，复兴我们民族的伟大精神，发展和繁荣中华民族的优秀文化，为我们民族在强国之路上阔步前行创设先决条件。

实现民族文化的复兴，更必须传承中华文化的优秀传统。现代中国人，特别是年轻人，对传统文化十分感兴趣，蕴含感情。但当下也有人对具体典籍、历史事实不甚了解，比如说，中国是书法大国，谈起书法，有些人或许只知道些书法大家如王羲之、柳公权等等的名字，知道《兰亭集序》是千古书法珍品，仅此而已。再比如说，我们都知道中国是闻名于世的瓷器大国，中国的瓷器令西方人叹为观止，中国也因此而获得了"瓷器之国"（英语china的另一义即为瓷器）的美誉。然而关于瓷器的由来、形制的演变、纹饰的演化、烧制等等瓷器文化的内涵，就知之甚少了。中国还是武术大国，然而国人的武术知识，或许更多地来源于一部部精彩的武侠影视作品，对于真正的武术文化，我们也难以窥其堂奥了。我们还是崇尚玉文化的国度，我们的祖先，发现了这种"温润而有光泽的美石"，并赋予了这种冰冷的自然物以鲜活的生命力和文化性格，例如"君子当温润如玉"，女子应"冰清玉洁"、"守身如玉"；"玉有五德"，即"仁"、"义"、"智"、"勇"、"洁"，等等。今天，熟悉这些玉文化的内涵的国人，也为数不多了。

也许正有鉴于此，有忧于此，近年来，已有不少有志之士，开始了复兴中国传统文化的努力，读经热开始风靡海峡两岸，不少孩童乃至成人，开始重拾经典，在故纸旧书中品味古人的智慧，发现古文化历久弥新的魅力。电视讲坛里一波又一波对古文化的讲述，也吸引着数以万计的人们，重新审视古文化的价值。现在放在读者眼前的这套"中国传统民俗文化丛书"，也是这一努力的又一体现。我们现在确应注重研究成果的学术价值和应用价值，充分发挥其认识世界、传承文化、创新理论、咨政育人的重要作用。

中国的传统文化内容博大，体系庞杂，该如何下手，如何呈现？这套丛书处理得可谓系统性强，别具心思。编者分别按物质文化、制度文化、精神文化等方面来分门别类地进行组织编写，例如在物质文化的层面，就有中国古代纺织、中国古代酒具、中国古代农具、中国古代青铜器、中国古代钱币、中国古代石刻、中国古代木雕、中国古代建筑、中国古代砖瓦、中国古代玉器、中国古代陶器、中国古代漆器、中国古代桥梁等等。

在精神文化的层面，就有中国古代书法、中国古代绘画、中国古代音乐、中国古代艺术、中国古代篆刻、中国古代家训、中国古代戏曲、中国古代版画等等；在制度文化的层面，就有中国古代科举、中国古代官制、中国古代教育、中国古代军队、中国古代法律等等。

此外，在历史的发展长河中，中国各行各业还涌现出一大批杰出的人物，至今闪耀着夺目的光辉，启迪后人，示范来者，对此，这套丛书也给予了应有的重视，中国古代名将、中国古代名相、中国古代名帝、中国古代文人、中国古代高僧等等，就是这方面的体现。

生活在21世纪的我们，或许对古人的生活颇感好奇，他们的吃穿住用如何？他们如何过节？如何安排婚丧嫁娶？如何交通？孩子如何玩耍？等等。这些饶有兴趣的内容，这套中国传统民俗文化丛书，都有所涉猎，例如中国古代婚姻、中国古代丧葬、中国古代节日、中国古代风俗、中国古代礼仪、中国古代饮食、中国古代交通、中国古代家具、中国古代玩具、中国古代鞋帽等等，这些书籍介绍的，都是人们深感兴趣，平时却无从知晓的内容。

在经济生活的层面，这套丛书安排了中国古代农业、中国古代纺织、中国古代经济、中国古代贸易、中国古代水利、中国古代车马、中国古代赋税等等内容，足以勾勒出古人经济生活的主要内容，让今人得以窥见自己祖先曾经的经济生活情状。

在物质遗存方面，这套丛书则选择了中国古镇、中国古楼、中国古寺、中国古陵墓、中国古塔、中国古战场、中国古村落、中国古街、中国古代宫殿、中国古代城墙、中国古关等内容。相信读罢这些书，喜欢中国古代物质遗存的读者，已经能大致掌握这一领域的大多数知识了。

除了上述内容外，其实还有很多难以归类却饶有兴趣的内容，例如中国古代的乞丐这样的社会史内容，也许有助于我们深入了解这些古代社会底层民众的真实生活情状，走出武侠小说家们加诸他们身上的虚幻不实的丐帮色彩，还原他们的本来面目，加深我们对历史真实的了解。继承和发扬中华民族几千年创造的优秀文化和民族精神是我们责无旁贷的历史责任。

不难看出，单就内容所涵盖的范围广度来说，有物质遗产，有非物质遗产，还有国粹。这套丛书无疑当得起"中国传统文化的百科全书"的美誉了。这套书还邀约了大批相关的专家、教授参与并指导了稿件的编写工作。

应当指出的是，这套书在写作中，既钩稽、爬梳大量古代文化文献典籍，又参照近人与今人的研究成果，将宏观把握与微观考察相结合。在论述、阐释中，既注意重点突出，又着重于论证层次清晰，从多角度、多层面对文化现象与发展加以考察。这套丛书的出版，有助于我们走进古人的世界，了解他们的美好生活，去回望我们来时的路。学史使人明智。历史的回眸，有助于我们汲取古人的智慧，借历史的明灯，照亮未来的路，为我们中华民族的伟大崛起添砖加瓦。

是为序。

傅璇琮

2014年2月8日

前 言

古往今来，谈起哲学，大家都会将之看作极为"高端"的学问，认为其只是属于社会上极少数思想精英的学问。19世纪的大哲学家黑格尔就曾说："哲学著作是找不到群众的，而所找到的只是少数的个人。"应该说这种认识至今并未退隐。消除这一误解，把哲学从哲学家的殿堂里解放出来，让中国古人的智慧成为全人类的共同财富，这是撰写本书的一个基本出发点。

要使我们的这一愿望成为现实，要让更多的人接受哲学，哲学就必须改变它的面貌，必须改变它的解读方式。作为一本中国古代哲学的普及读物，我们力求做到以下几个方面：

第一，努力提供一个产生中国古代哲学的大文化背景。哲学跳不出它的时代，与对时代背景的认识偏重于对生产力与生产关系矛盾运动的理论叙述不同，本书汲取了历史、考古、文字、神话等文化领域的研究成果，叙述了有关中国古代地理、经济、家族、神话、科学等方面的一般状况和基本特征。对构成这一背景的各种因素的了解，有助于把握中国哲学的生成方式与发展方向，把握中国哲学所关心的主要问题。

第二，加强趣味性。趣味与人的价值观、审美活动相关，其本质是感性的。从趣味性出发，本书的叙述不是把思维如何存在这一哲学的基本问题作为主线，也不受制于习惯上的本体论、认识论、道德观的哲学框架，而是选择一些趣味性、彰显智慧力量的话题作为阐述的切入点；一些在社会生活中处处可见、人们十分熟悉的物品成了解读、追问哲学概念、命题的阶梯；淡化理论色彩，不对学术争论加以论述，尽可能地调动阅读者的感性活动，以便有效轻松地进入到理解的理性层面。

中国古代哲学是历史的产物，肯定会受到历史条件和阶级观念的制约，其学术观点可以说是瑕瑜互见、精粗并存。其博大精深的思想，至今仍给予人以深刻的启迪，影响着中国人的世界观、人生观、价值观、生死观、审美观等文化观念。当然，传统学术中亦有违离客观实际的谬妄之说，对历史上流传下来的污垢，必须用历史的、分析的态度进行批判性总结，"去粗取精，去伪存真"仍是一项严肃而艰巨的任务。编者以本书为弘扬中华民族文化作的探索性的整理、总结工作，学风是求实的，思维是辩证的。

中华民族屹立于世界的东方，创造了灿烂光辉的中国文化，她对世界文明作出了巨大的贡献。中国传统学术中的精湛思想，是立国的思想基础。当前研究国学、学习传统文化的热潮在祖国大地上方兴未艾。自北京大学成立中国传统文化研究中心之后，中国孔子基金会、中国文化研究院也相继创立。《中国文化史丛书》、《国学丛书》等已在编辑、出版之中。可以说，当今国学研究的兴起，正说明中国人民开始在更深刻、更理性的层次上反思前些年对西方文化的附庸和对传统文化的轻薄。

只有立足于中国大地，以博大的胸怀兼收并蓄，才是对传统文化最为理智的认识。学习传统文化，将自古以来中华文化的优秀成果昭示国人，是爱国主义教育重要内容之一。因此，本书在弘扬传统文化、激发国人热爱祖国的感情方面，将会起到积极的作用。

本书特借鉴了众多研究古代哲学方面学者的智慧，在此对他们表示诚挚的谢意。另外，因编者水平有限，如果书中有失误之处，还望读者加以指正。

目 录

第一章 中国古代哲学概述

第一节 认识中国古代哲学 ·· 002

  哲学与中国哲学 ·· 002

  创世神话与天人关系 ··· 005

  宗教信仰与人神关系 ··· 007

  中国古代哲学的特点 ··· 008

  中国古代哲学的精神 ··· 011

  中国古代哲学的发展历程 ··· 014

第二节 怎样学习中国古代哲学 ··· 016

  为什么要学习中国哲学史 ··· 016

  怎样学习中国哲学史 ··· 017

  学习中国古代哲学的目的和方法 ······························· 020

第三节 中国古代哲学大观 ··· 024

  中国古代宇宙生成论 ··· 024

中国古代本体论 …………………………………… 026

中国古代变常观 …………………………………… 028

中国古代矛盾观 …………………………………… 031

中国古代知行观 …………………………………… 034

中国古代人性观 …………………………………… 037

第二章　先秦时期哲学的诞生

第一节　先秦时期哲学的萌芽……………………………… 042

早期的"阴阳""五行"说 …………………………… 042

商周时期哲学论证的中心 …………………………… 045

春秋时期天人观和人神观的转变 …………………… 047

先秦哲学的总结 ……………………………………… 051

第二节　先秦时期的著名哲学家……………………………… 054

老子 …………………………………………………… 054

孟子 …………………………………………………… 058

荀子 …………………………………………………… 061

庄子 …………………………………………………… 064

孙子 …………………………………………………… 067

邹衍 …………………………………………………… 070

第三节　先秦时期的著名哲学作品……………………………… 073

《易经》的阴阳与卦象 ……………………………… 073

《易传》的哲学思想 ………………………………… 075

《尚书》的五行与天德 …………………………… 079

《中庸》论"中"与"诚" …………………………… 081

《大学》的"三纲八目" …………………………… 084

《吕氏春秋》的哲学思想 …………………………… 088

第三章　秦汉时期的哲学思想

第一节　独尊儒术和黄老思想 …………………………… 094

独尊儒术和两汉哲学论争中心的转变 …………………………… 094

汉初的黄老思想 …………………………… 097

第二节　秦汉哲学的代表人物 …………………………… 099

董仲舒 …………………………… 099

王充 …………………………… 103

第三节　秦汉著名的哲学著作 …………………………… 107

《淮南子》的哲学 …………………………… 107

《论六家之要指》的学术观 …………………………… 111

谶纬思潮与《白虎通义》 …………………………… 113

第四章　魏晋南北朝哲学思想

第一节　魏晋南北朝哲学入门 …………………………… 118

魏晋南北朝玄学的兴起 …………………………… 118

道教的产生与经典 …………………………… 120

佛教在中国的传播 …………………………… 123

第二节　魏晋南北朝的著名哲学家 …………………………… 126

寇谦之 ……………………………………………………… 126

嵇康 ………………………………………………………… 128

裴頠 ………………………………………………………… 130

欧阳建 ……………………………………………………… 133

郭象 ………………………………………………………… 135

葛洪 ………………………………………………………… 138

僧肇 ………………………………………………………… 140

范缜 ………………………………………………………… 143

第五章　隋唐时期的哲学思想

第一节　隋唐时期的哲学概述 …………………………………… 148

隋唐时期哲学论争中心 …………………………………… 148

隋唐道教哲学概述 ………………………………………… 151

隋唐经学与儒家哲学 ……………………………………… 153

第二节　隋唐时期的著名哲学家 ………………………………… 157

韩愈 ………………………………………………………… 157

李翱 ………………………………………………………… 159

王玄览 ……………………………………………………… 162

第三节　隋唐时期的"五宗"哲学观 …………………………… 165

吉藏与三论宗 ……………………………………………… 165

智颛与天台宗 ……………………………………………… 167

玄奘与唯识宗 …………………………………………… 171

法藏与华严宗 …………………………………………… 175

慧能与禅宗 ……………………………………………… 178

第六章　宋明时期的哲学思想

第一节　宋明时期的哲学浪潮 …………………………… 184

宋明理学概述 …………………………………………… 184

宋初儒学复兴与"庆历新政" ………………………… 186

宋明理学的问题与发展 ………………………………… 188

第二节　宋明时期的著名哲学家 ………………………… 191

周敦颐 …………………………………………………… 191

程颢、程颐 ……………………………………………… 195

朱熹 ……………………………………………………… 199

陆九渊 …………………………………………………… 203

陈亮 ……………………………………………………… 206

陈献章 …………………………………………………… 209

湛若水 …………………………………………………… 212

王阳明 …………………………………………………… 215

参考书目 ………………………………………………………… 221

第一章
中国古代哲学概述

　　有着数千年文明历史的中华民族,创造了光辉灿烂的文化,其中包括具有东方特色的内容十分丰富的中国古代哲学,对世界做出了重大贡献,成为世界文明重要的组成部分。所以,中国古代哲学是古代华夏人民理论思想的最高成果,是整个炎黄文化的核心。

第一节　认识中国古代哲学

■ 哲学与中国哲学

中国哲学史作为一门学科,以中国哲学的历史发展为其对象。考察中国哲学史,首先需要注意其双重品格。一方面,作为独特的哲学形态,中国哲学具有自身的个性特点;另一方面,作为哲学,它又包含着呈现普遍意义的哲学内涵。从不同哲学系统的关系看,这里面临"认同"和"承认"的关系。所谓"认同",主要是就特定的哲学系统(包括中国哲学)而言。对中国哲学来说,不能因为它具备自身特点而否定其具有普遍的哲学内涵。换言之,"认同"意味着肯定特定的哲学系统是哲学共同体中的一员。所谓"承认",更多的是从中国哲学之外的哲学系统,特别是西方主流性的哲学系统来说的。具体而言,应该承认

在西方哲学系统之外，还存在不同的哲学系统，中国哲学便属于后者。

中国哲学作为哲学无疑有其普遍性的内容。以认识世界而言，虽然中国哲学没有运用"主体"、"客体"这一类概念，但关于能、所关系的讨论，同样亦具有认识论的意义。在中国哲学中，作为"能"（能知）作用的对象，"所"不同于本然之物，而是被理解为"境之俟用者"，亦即进入人的作用之域的存在；"能"则被视为"用之加乎境而有功者"，亦即在把握对象的过程中具有实际作用者。能与所的关系在总体上被规定为"因所以发能""能必副其所"。能、所关系与"主体""客体"尽管不能简单对应，但前者所包含的认识论意义，与后者并非毫不相关。这一事实从一个方面表明，中国哲学之中包含着具有普遍意义的哲学观念，从而既无必要也不应该将其完全隔绝于"哲学"的形态之外。进而言之，如果我们要使古典形态的中国哲学取得现代的形态，使之成为在世界范围内、在现代学术视域中可以讨论的对象，那么，其普遍性的哲学内容无疑需要予以高度重视。当然，对中国哲学之为中国哲学的品格、特点，我们同样要给予充分关注。可以看到，哲学的历史和哲学的理论之间很难截然分界，我们在讨论哲学历史的过程中，也无法回避如何理解哲学本身的问题。

关于哲学究竟是什么的问题，古今中外都存在着不同的看法。就其本源而言，哲学的内涵与智慧的追求相联系。从西方哲学史上看，早在古希腊，哲学的原始含义就被理解为爱智慧，中国古代哲学固然没有在现代意义上运用"智慧"一词，但它对性与天道的思考和探讨都与智慧有实质的关系。事实上，到了近代，中国哲学与智慧的这种关系就表现得更为明显。当代中国哲学家冯契提出"智慧说"，将哲学的沉思、讨论落实于智慧的层面，便表现了这一点。与以上事实相联系，我们在回顾、反思中国哲学的时候，也应从智慧的追求和沉思这样的维度去加以理解，并由此进一步揭示其内涵。

作为哲学不同于其他学科的内在规定，智慧可以从不同的角度去分析。宽泛而言，这里既涉及对世界的看法，也关乎对人自身的认识。从对世界的理解看，智慧的特点在于超越知识的界限，把握作为整体的世界。这也是哲学不同于知识或其他学科之处。知识或其他学科所指向的是特定的事物或世界的某一方面，它们各有自身的领域，所研究对象也彼此区分，由此往往形成各种界限。哲学的特点在于跨越这些界限，达到对世界整体性的理解。同样，对每一个体而言，对世界的认识既以千差万别的事物为对象，也关乎从总体上对世界的理解，后者同样涉及哲学的视域。在这方面，智慧对知识界限的超越，便具体表现为对世界的统一性与发展过程的把握，后者在中国哲学中同样得到了体现。

从人自身来说，智慧主要表现为一种整体性的精神形态，它既包括精神境界或广义的精神世界，也包括人的综合能力或人性能力。整体性的精神形态不同于单向度的规定，而是包含理性与情意诸多方面。价值目标上真善美的统一，与精神世界中知情意的交融，具有内在的一致性。另一方面，以成己与成物为指向，精神世界又可以从人性境界与人性能力的关系加以理解，它既包含德性的内涵，也涉及人性能力，从而在某种意义上具体表现为人性境界（德性）与人性能力的统一。

简而言之，哲学总是既指向世界之在，也要求理解人自身。从认识世界看，哲学不同于其他知识学科的特点在于，它不断超越知识的界限而达到对世界的整体性把握。从对人自身的理解来说，哲学则在于不断地趋向对人的整个精神形态的反思与提升，并以成就真善美统一的精神形态为指向。中国哲学作为哲学，同样体现了以上品格。

■ 创世神话与天人关系

创世神话不同于一般的具体神话，它要回答的是天地万物最初的状态是怎样的，它是怎样产生的，将来又会变成什么样子，人类最早是从哪里来的，将来又会到哪里去，因而具有哲学萌芽的性质。在文字产生之前，中国古代创世神话同世界上其他民族的创世神话一样，是以口耳相传的方式存在于民族共同记忆之中。中国的创世神话多与祖先崇拜或重大自然灾异事件相联系，其中流传至今、影响最大的当属盘古开天辟地的故事。

"天地混沌如鸡子，盘古生其中。万八千岁，天地开辟，阳清为天，阴浊为地。盘古在其中，一日九变，神于天，圣于地。天日高一丈，地日厚一丈，盘古日长一丈。如此万八千岁。天数极高，地数极深，盘古极长。"（《绎史》卷一引三国吴人徐整《三五历记》）这一神话故事不仅告诉了我们远古时代盘古开辟天地的状况，还透露出古人对天地万物的产生进行的猜测和推想。

"天气濛鸿，萌芽兹始，遂分天地，肇立乾坤，启阴感阳，分布元气，乃孕中和，是为人也。首生盘古，垂死化身；气成风云，声为雷霆，左眼为日，右眼为月，四肢五体为四极五岳，血液为江河，筋脉为地里，肌肉为田土，发髭为星辰，皮毛为草木，齿骨为金石，精髓为珠玉，汗流为雨泽，身之诸虫，因风所感，化为黎甿。"（《绎史》卷

▲ 盘古雕像

——引三国吴人徐整《五运历年记》)

把盘古的身体和天地万物的产生联系在一起,在今人看来也许是可笑的。但是,透过先民关于万物产生的猜想,我们可以看到这一神话传说蕴涵着人和万物是一个有机整体的观念。先民的这一观念在其他地方也可找到佐证。《吕氏春秋·有始览》说:"天地万物,一人之身。此谓之大同。"《淮南子·本经训》也有类似的说法:"天地宇宙,一人之身也。六合之内,一人之制也。"盘古以自己的身体化生天地万物的观念为后来中国哲学"天人合一"思想的产生提供了基础。

盘古创世的神话传说虽不见于先秦文献,但正如吕思勉所说:"今世俗无不知有盘古氏","盖其说甚旧,故传之甚广"。由此推断,由于远古时期没有文字,加之我们的祖先又有述而不作的传统,因此,这一神话传说形诸文字虽晚,但其内容的发生应在很早的远古时期,是千百年来中华先民口耳相传的结果。先民的创世神话反映了我们的祖先对天地开辟和人类起源的猜测和思考,因而包含着哲学思想的萌芽。

西方学者一度认为中国没有创世神话,但随着20世纪简帛文献的发现,这一说法逐渐被推翻。1942年湖南长沙出土的《楚帛书》是战国时期楚国的古文帛书,该书的甲篇记载了伏羲、女娲创世的过程,这就为女娲造物和繁衍人类的神话传说找到了可靠的文献依据。

《楚帛书》文献的形成年代较早,在具体文字的理解上学术界也还存在一定的分歧。不过大意还是清楚的:在天地尚未形成、世界处于混沌状态之时,先有伏羲、女娲二神,结为夫妇,生了四子。这四子后来成为代表四时的四神。四神开辟大地,这是他们懂得阴阳参化法则的缘故。由禹与契来管理大地,制定历法,使星辰升落有序,山陵畅通,并使山陵与江海之间阴阳通气。当时未有日月,由四神轮流代表四时。这样的故事后来在《风俗通》中又得到了丰富和发展："俗说天地开辟，未有人民，女娲抟黄土做人。剧务，力不暇供。乃引绳于絙泥中，举以为人。"（《太平御览》卷七十八引《风俗通》）

女娲用黄土泥巴逐个造人，费神劳力、速度极慢，于是她便用绳子在泥团中抽打，纷飞的泥沫变成了一个个的活人。女娲不但用泥土造出人类，还密切关注人类世界的变化。据《淮南子·览冥训》记载，当她发现"往古之时，四极废，九州裂，天不兼覆，地不周载；火爁焱而不灭，水浩洋而不息；猛兽食颛民，鸷鸟攫老弱"，于是，便挺身而出，"炼五色石以补苍天，断鳌足以立四极，杀黑龙以济冀州，积芦灰以止淫水。苍天补，四极正；淫水涸，冀州平；狡虫死，颛民生"。

如果说盘古创世的神话告诉了我们宇宙"遂古之初""上下未形"（屈原《天问》）的样态，那么，女娲造人的神话则向我们叙说了人类产生的过程，回答了"女歧无合夫，焉取九子"（同上）的问题。创世神话是我们的祖先对当时经验不能解释的种种自然和社会现象进行思考、想象和猜测的结果，凝聚着他们的生活和实践的智慧。在这种思考、想象和猜测中，我们的祖先已经描绘出了一幅包括人类在内的世界图景，已经开始对天地万物和人类自身进行整体性和根源性的思考。中国古代哲学就在对自然与人的思考和描画中开始萌芽了。

■ 宗教信仰与人神关系

中国哲学的萌芽不仅包含在创世神话中，也包含在先民的宗教信仰中。宗教信仰是同两种观念紧密联系在一起的：一是灵魂观念；二是万物有灵的观念。在这两种观念的基础上，才产生图腾崇拜和自然崇拜，最后上升到以神灵崇拜为核心内容的宗教信仰。

我们祖先的宗教信仰发展到传说中的"五帝"时，发生了一场"绝地天通"的宗教革命。关于"绝地天通",春秋时期的楚昭王曾问观射父:"《周书》所谓重、黎实使天地不通者,何也?若无然,民将能登天乎"?观射父解释说"古者民神不杂",掌管神事的是巫、觋、祝、宗。那时候,"民神异业,敬而不渎"。但是,到了少暤(黄帝之子,又作少昊)的时候,"民神杂糅""家为巫史""烝享无度,民神同位",人人都可以祭祀上天,人人都可以代表神灵来说话。这一方面使得统治者丧失了神权,丢掉了权威;另一方面也使得天下百姓陷入宗教迷狂之中。于是,等到颛顼帝(黄帝之孙,少暤之子)继位,便命令"南正重司天以属神""火正黎司地以属民",把神事和民事分开,掌管神事的是颛顼帝和少数神职人员,从事民事的自然是普通百姓,从而使天、地、神、民"无相侵渎"(《国语·楚语下》)。这是颛顼帝针对南方落后的九黎地区实行的一次重大的宗教改革。到了唐尧时期,尧帝针对"苗民弗用灵,制以刑,惟作五虐之刑曰法"(苗君习蚩尤之恶,不用善政化民,制以五虐重刑,自谓得法),"乃命重黎,绝地天通,罔有降格"(《尚书·吕刑》),由此实现了帝尧和神职人员对神权的垄断。

　　颛顼和唐尧所进行的以"绝地天通"为核心内容的宗教改革,其政治意义就在于从神权那里寻找社会等级秩序的依据,以神权的垄断实现政权的垄断。透过先民的宗教信仰和"绝地天通"的两次宗教改革,我们可以看到存在于先民的宗教信仰中的灵魂与人、灵魂与外部世界,以及神与人、神与外部世界的关系。正是在对这些关系的思考中出现了中国古代哲学思想的萌芽。

■ 中国古代哲学的特点

　　概括中国古代哲学的总体特征,应当在审视古今中外各主要哲学思想体系的基础上,紧紧抓住能代表炎黄族类精神生活的、贯穿中国

古代社会始终和表现于大多数哲学家的思想,并区别于其他族类的哲学特质。因此,中国古代哲学的主要特点可归纳如下:

1. 三教鼎立,诸派纷呈,以儒家哲学为主干

中国历来哲学流派就不是单一的,素有"九流百家"之称。先秦时期曾经出现诸子竞出,百家争鸣,成为哲学发展的盛世。秦汉以后,随着宗法封建社会的建立和发展,各学派之间互相渗透,生生灭灭,儒、道、佛三家长期并存,而以孔子为代表的儒家则被定为一尊。就整体而言,中国古代哲学是以儒家哲学为主干的多种哲学思想体系的复合体,具有较大的包容性和融摄性,对内包容百家,对外融摄诸如古印度佛教哲学等其他外来民族的哲学,因而使中国古代哲学形成源远流长、博大精深的理论体系。

2. 着眼伦理本位,高扬重德精神

中国进入阶级社会以后,统治者继续利用原来的氏族血缘观念和亲情关系,发展了宗法制。宗法制成为社会结构重要的稳定因素之一,对整个中国封建社会造成一定的影响。根植于宗法制度下的中国古代哲学,总是以忠、恕、孝、悌等伦理关系作为依托,说到底,古代中国还是一个非常注重伦理观念与道德的国度。在中国,不管哪个朝代的哲学家,他们在谈及天、地、人的时候都逃脱不了伦理关系的束缚。并且衍生出的多种思想在历史进程中相互促进,也相互影响,最终汇聚为中

▲ 孔子问礼老子

国古代哲学独特的伦理特色。

3. 倾心现实政治，学而优则仕

中国古代哲学家热衷于"究天人之际，通古今之变"，各家各派都"务为治"（《史记·太史公自序》）。儒家提倡"克己复礼"，便是以政治理想制约个人的欲念。孔子要求实行"仁政"，推崇"无求生以害仁，有杀身以成仁"的境界，表现了深沉的历史责任感。宋代理学家讲"理一分殊""存天理，灭人欲"，目的是"为天地立心，为生民立命。为往圣继绝学，为万世开太平"。

道家的老庄，向往小国寡民，绝圣弃智，视功名为粪土，希望逍遥于"无何有之乡"，是以消极的形式，从反面表达了对社会现状的不满，为自己的政治理想张目。

但是，对政治的过分依恋，则又削弱并影响了中国古代哲学的思辨色彩，而且往往造成哲学被政治利用的局面。

4. 发扬主体意识

中国古代哲学有追求"天人合一"的传统，把发挥主体能力，以与"天"一致，看作精神境界的升华和完善。《易经》曰："天行健，君子以自强不息。"儒家"三纲""八目"的修养论，"正己""正人""成己""成物"的言行，孔子的"为仁由己""人能弘道"，这些都是积极有为，相信主观努力以成就事业的一种哲学表现。

5. 悠久的朴素唯物论和辩证法传统

中国自殷周始已有无神论、唯物论和辩证法萌芽，以后又涌现出诸如荀子、王充、范缜、柳宗元、刘禹锡、张载、王夫之等无神论、唯物论代表，在天人关系、形神关系上，坚持"天人相分""形神相即"，还提出气一元论唯物主义自然观。中国古代哲学在辩证思维方面更是丰富多彩，提出了一系列独特的范畴和命题，建构了事物对立统一、运动变化发展，直至宇宙生成的理论。

中国古代哲学的唯物论和辩证法传统，对造就中华民族的务实精神和灵活机变品格有直接关系，但对这种朴素唯物论和辩证法的缺陷，还必须进行客观分析和评价。

此外，中国古代哲学还有树立整体观念、偏重直觉思维、流于经学态度，先王观念浓厚以及重视人际关系的显著特点。

上述中国古代哲学的特点，并非互相孤立，而是紧密联系，不可分割的。

中国古代哲学的精神

古人云："天行健，君子以自强不息。"这句话不知道激励了多少为生活而奋斗的人们。而这句话也体现出浓郁的生生不息精神——"自然而然"，就是指顺应人生的自然规律，用一颗淡泊名利的心去对待生命中出现的生、老、病、死等问题。这一精神实际上与"天人合一"的精神一脉相承。

再一次提到"天人合一"，就是想强调它的重要性，它是中国古代哲学的精髓所在，是研究中国哲学无法避开的一个重要命题。那么，"天人合一"究竟有什么含义？其意义究竟在何处？

关于"天人合一"，有许多不同的解释。总体来说，这里的"天"有别于宗教中的玉皇大帝或上帝，多数情况下是"宇宙""自然界""自然规律"的代名词。"天人合一"，首先是清醒地意识到人只是宇宙、自然界的一分子，无法脱离，只能顺应。而如何顺应？就是要感知、探索自然规律，让自己的行为尽可能地遵循自然规律，进而达到人生的至高境界——人的行为规律完全与自然规律吻合，人与自然界完全融合。这是一个追求，也是一个过程，充满了诗意的色彩，放射出智慧的光芒。中国许多圣贤真正体会到"天人合一"的妙处。例如孔子，他在描述自己不同的人生境界时，最高的境界就是"从心所欲而不逾矩"。"矩"当然是指自然规律、人生规律；"从心所欲"则是最大的自由。这便提出了中国古代哲学中的重要观念：人应当追求最大的自由，而最大的自由是建立在认识、遵循自然规律的基础之上。如若不然，则无法享受最大自由，无法享受"天人合一"所带来的无穷愉悦。入世的孔子有如此的看法，出世的哲学家们，如老子、庄子等人，更是追求永恒的自由，将"天人合一"的思想发扬光大。

中国文化的传统，向来是文、史、哲不分家。许多文学家、史学家，同样是哲学家。这在中国最伟大的史学家司马迁身上体现得非常突出。他所著的《史记》，既是中国最好的史学著作，同时也是上乘的文学著作，是了不起的哲学著作。司马迁似乎就是为《史记》而生，他在遭受人生最大的悲剧，受过残酷的宫刑后，将全部的心血放在撰写不朽的《史记》上，而他所追求的最高境界是："究天人之际，通古今之变，得一家之言。"这样的话多么富有哲理，只有将天人打通，将古今打通，将文史哲打通，才能成就千古名著。

中国也有宗教，儒教、道教、佛教，都对中国社会有着广泛而深远的影响。但在中国，宗教的影响远比不了西方。在中国，哲学的影响显然更大，渗透到了整个社会及中国民众的内心深处，并不断地延续。中国人更习惯于自己去寻找"天命"所归，因为他们认为，"天命"即"人生"，走好"人生路"，就是要在人生旅途中不断地学习与感悟，了解并顺应"天道"与"天理"。当然，即便如此，人生仍有许多无奈，不一定知道天理就肯定能成功。对此，中国也有一句老话："谋事在人，成事在天。"潜台词就是，我只去做自己该做的事，即便失败了，我尽到了我的责任，这样就够了。还有一句老话："只问耕耘，不问收获。"

也是这个道理，表现了中国人积极的人生态度。

以现在的观点看，封建时代的三纲五常自然是落后的，严重束缚着人性。但是，它之所以能长期存在，也是有原因的，与中国长期的农业社会有关，它是从农业社会的丰厚土壤中孕育出来的，可以稳定农业社会的基础，它也曾起到安定人心、维护社会秩序的巨大作用。只是，随着时代的发展，三纲五常变成了落后的思想，成为必须抛弃的东西。

不过，抛弃封建社会的三纲五常不等于抛弃礼义与仁孝。从另一个角度讲，即便农业社会变成工业社会乃至于变成商业社会、信息社会……人总还是要吃饭的，人也离不开农业。而人也总还是对社会的安定，尤其是内心的安宁有着永恒的追求。如此一来，建立在中国古代哲学上的伦理道德，在其为封建社会服务的条条框框被摈弃的同时，那些能够安定人心、安定社会的道德追求则对现代社会更加有用了。如"仁爱""诚信"等，对迷失于拜金主义的人们，难道不是最好的良药吗？

对中国古代哲学，现代人必须学会摈弃其糟粕，继承并发扬它的精华。

中国是一个充满诗意与充满哲学的国度，中华文明具有厚实绵长的生命力。虽然，近代以来，西方的科学、西方的哲学给中国带来了福祉、带来了生机、带来了振兴富强的机会，中国理所当然应汲取更多的科学精神、民主精神、法制精神，继续改革开放。但就个人生命而言，中国古代哲学的精神——生生不息，自然而然，以"人"为本，总是将"人道"与"天道"合二为一，更关注融通与和谐，更追求内心的安宁，以此来探讨宇宙人生的根本规律——这样的精神更有利于整个人类长期的可持续发展，更能使不少迷茫的现代人找到安身立命之所。

这也正是中国古代哲学的价值所在。

■ 中国古代哲学的发展历程

不同历史时期有不同的哲学。中国历史上不同哲学形态的更替和演进，形成了中国哲学发展的基本历程。这是一个因应时代变革、解决时代课题而不断开拓学术领域、创新学术形态的过程。中国哲学的发展历程可以分为四个时期，即先秦时期、秦汉时期、隋唐时期、宋至清中叶时期。

先秦时期是中国哲学的萌发原创期。这一时期出现了孔子、老子、墨子、孟子、庄子、荀子、韩非子以及惠施、公孙龙、邹衍、孙子等众多富有哲学创见的著名思想家，并以这些思想家为代表形成了儒家、道家、墨家、法家、名家、阴阳家、兵家等流派，出现了百家争鸣、异彩纷呈的思想局面。先秦诸子提出的一系列范畴和命题，如"道""仁""气""阴阳"等范畴以及"天人之辨""名实之辨""性命之学"等命题，成为中国哲学的基本范畴和命题，为中国哲学的未来发展提供了最核心的话题和最基本的理念。

秦汉至隋唐时期是中国哲学从多元走向一元，又走向多元的时期，即从先秦的诸子争鸣走向儒术独尊，又从儒术独尊走向儒、道、释三足鼎立。这一时期出现了董仲舒、王充、王弼、裴頠、郭象、僧肇、慧远、范缜、智𫖮、玄奘、法藏、慧能、柳宗元、刘禹锡、韩愈、李翱等著名思想家。汉代由崇尚"黄老之学"转变为"独尊儒术"，使儒学正式成为封建国家的主导思想。

儒学在汉唐时期的主要形态是经学。汉代董仲舒研治《春秋》，力倡"天人感应"思想，使得儒家思想蒙上神学色彩。初唐时期，孔颖达等人编著《五经正义》，对汉魏以来的经学进行了总结，掀起了经学发展的又一高潮。中唐时期，柳宗元、刘禹锡、韩愈、李翱等人为了对抗佛道，发起了突破经学体例束缚、重视阐释义理的儒学复兴运动。佛教在两汉之际传入中国后，于魏

▲ 儒家创始人孔子讲学

晋南北朝时期得到迅速发展，出现了"六家七宗"等众多思想流派。隋唐时期的天台宗、唯识宗、华严宗、禅宗等不同程度地推动了佛教中国化。道家思想在汉唐时期也有巨大发展。西汉初年，朝廷为了"休养生息"的需要，崇尚"黄老之学"，力主道家的"无为而治"。魏晋时期，王弼、郭象等受《老子》《庄子》等道家典籍的影响，发展了道家的玄虚之学，形成了魏晋玄学这一新的学术形态。东汉末年道教在民间兴起，经过南北朝时期的发展壮大，到唐代便出现了"重玄学"。总体来看，秦汉至隋唐时期，儒、释、道三教相互竞争、相互交融，为后来宋元明清理学的产生做了深厚的思想积淀。

宋至清代中叶，出现了周敦颐、邵雍、张载、程颢、程颐、朱熹、陆九渊、陈亮、叶适、王阳明、罗钦顺、王廷相、王夫之、黄宗羲、颜元、戴震等思想家。这一时期是理学占据主导地位的时期。这里所说的理学主要是指程朱理学和陆王心学两个流派。张载、罗钦顺、王廷相、王夫之等以"气"为最高范畴，构建自己的哲学体系，他们的哲学被称为"气学"；陈亮、叶适重视事功，他们的学派被称为"事功学派"。

明清之际形成了批判理学的哲学思潮。这一思潮对中国古代哲学有批判总结的意义，在一定程度上具有早期启蒙的性质，预示着中国传统哲学走向近代的发展趋势。

第二节　怎样学习中国古代哲学

■ 为什么要学习中国哲学史

中国哲学史是中华民族几千年来的智慧结晶,是中国文化的精神内核。学习中国哲学史,具有以下多方面的意义。

1. 有助于提高理论思维能力

哲学是民族精神的结晶,也是一个民族理论思维的最高成果。中国哲学史是中华民族的认识史,它充分展示出人类抽象思维从低级向高级、人类认识由浅入深的发展历程。通过对中国哲学发展过程的历史考察,揭示、分析中国古代哲学家认识和把握世界的基本方式,从理论思维的角度衡量其利弊得失,可以使我们更为深入地思考诸多哲学问题,深化我们对马克思主义哲学、西方哲学和其他哲学学派思想的理解,锻炼、提高我们的理论水平和思维能力。正如恩格斯所说:"一个民族要想站在科学的最高峰,就一刻也不能没有理论思维。"理论思维的能力"需要发展和培养,而为了进行这种培养,除了学习以往的哲学,直到现在还没有别的办法"。学习中国哲学也是发展和锻炼理论思维能力的好办法。

2. 有助于提升精神境界

中国哲学与其他民族的哲学一样,都要对有关自然、社会、人生和思维的根本问题作出自己的回答。中国古代哲学中包含着极为丰富的心性论、修养论、境界论等方面的内容。比如，孟子哲学思想中先义后利的价值取向、反抗暴政的批判精神、民贵君轻的仁政学说、反求诸己的修养工夫以及刚毅挺拔的大丈夫精神等，充分展现出人的主观能动性，并参与、塑造了中华文化的主体性格与中华民族的优良品质。认真学习这些内容，对于培养健康人格、弘扬民族精神和时代精神，丰富和发展中国特色社会主义核心价值体系具有重要的借鉴意义。

3. 有助于弘扬优秀传统文化

光辉灿烂的中国文化和中国哲学，是我国各民族共同创造的。它吸取了世界上其他文化的成果，比如受到过印度佛教文化的影响，经历了几千年具有独创性的锤炼和发展，是中华民族贡献给世界的伟大精神财富。当然，中国传统哲学由于时代条件和历史环境等诸多因素的限制而不可避免地具有局限性。因此，我们应全面地认识传统文化，取其精华、去其糟粕，做中国优秀传统文化的忠实传承者和弘扬者，做中国先进文化的积极倡导者和发展者。对中国哲学进行系统学习，可以提高我们在古今、中西哲学思想的对接、融通和把握上的能力，使我们更好地批判继承中国哲学中优秀的文化遗产，并创造性地将中国哲学的传统思想资源运用于中国哲学、文化和中华民族共有精神家园的建设，推动中国哲学与文化的发展，为实现中华民族伟大复兴作出自己独特的贡献。

■ 怎样学习中国哲学史

学习中国哲学史，要注重从整体上把握哲学的科学体系，掌握贯穿其中的基本理论、基本知识和基本方法，掌握中国哲学的基本概念、基本范畴和基本特点，尤其要做到以下几点：

1. 始终坚持以马克思主义为指导

马克思主义深刻揭示了人类社会历史发展的客观规律，是经过实践检验和证明了的科学理论，因此，我们要自觉坚持以马克思主义立场、观点和方法去考察中国古代哲学的思想、流派及其历史作用，分析中国古代哲学的逻辑发展，评价中国古代的哲学家及其思想，积极推动马克思主义哲学研究的最新成果同中国哲学史研究的学术结合，创造出体现时代精神的中国当代哲学，实现中国哲学史学科的繁荣发展。在中国哲学史的学习过程中，要始终坚持用马克思主义及其最新理论成果作为对中国哲学史研究的理论指导，自觉运用唯物史观的方法分析中国哲学的思想、流派及其历史作用。

2. 注重研读哲学经典文本

学习中国哲学史需要学习教材和各种著作，以便更快地掌握基本知识和基本方法。但要真正全面了解中国哲学，离不开对经典的深入研读。恩格斯在1890年9月致约·布洛赫的信中指出："我请您根据原著来研究这个理论，而不要根据别的第二手的材料来进行研究。"他在为《资本论》第三卷写的序言中也说："一个人如想研究科学问题，首先要学会按照作者写作的原样去阅读自己要加以利用的著作，并且首先不要读出原著中没有的东西。"原著本身之所以重要，就在于它

▲ 先贤读书

集中体现着原作者相对真实的思想。中国哲学的经典之所以为"经典"，就在于它久经历史的"考验"并以文本的形式承载着中华民族的核心价值观。"经典"是先贤们留下的"民族之魂"，值得后人以敬畏的态度去阅读、去体会。当然，敬畏的态度并不意味着盲从。"经典"毕竟是历史，是适应特定时代社会需要的产物。只有知其意、得其神，才能避免"食古不化"，真正为发展当代中国哲学所用。

3. 注重全面学习和理解

认识哲学发展的历史，离不开现代的眼光。但是，后人在认识既往的哲学发展时，必须从特定的历史条件出发，把历史人物及其哲学思想放到具体的历史过程中加以认识。历史不是任人打扮的小姑娘，不能超越历史过程和历史条件，用个人的好恶，用主观的模式，去宰制、取舍、判断以及塑造历史事件和历史人物。哲学史上每一历史阶段的思潮、流派、人物的思想，哲学史上的概念、范畴、命题、思想系统的提出、诠释与讨论，哲学问题与方法的论战，总是与具体的社会历史文化背景，与特定的时代问题的挑战密切相关的。应当以唯物史观为指导，全面、深入地梳理古代哲学家或思想流派之间内在的逻辑结构，如实地将其放在一定的时空条件下，联系其上下左右的相关资料，力求客观、准确地加以理解与评论。

4. 注重联系实际、学以致用

毛泽东曾经指出："对于马克思主义的理论，要能够精通它、应用它。精通的目的全在于应用。"哲学的生命力就在于它植根于现实的土壤，离开了火热的生活和现实的实践，哲学就会成为无源之水、无本之木。学习中国哲学史，一方面要把中国古代哲学家的思想与他们所处时代的生活和实践结合起来；另一方面又要把中国哲学家的思想与我们正在进行着的中国特色社会主义实践结合起来，与我们身边的生活和实践结合起来，用时代的内容激活古代的思想，只有这样，才能真正做到古为今用、推陈出新。

■ 学习中国古代哲学的目的和方法

中国古代哲学虽然是历史上的东西，但今天的中国是古代中国的延续，今天中国的思想文化是古代思想文化的发展，今与古之间有着密切的联系。因此，采取科学的方法学习中国古代哲学，可以鉴古而知今，有利于我们的健康成长。

1. 学习中国古代哲学的目的

第一，以马克思主义为指导，批判继承中国古代哲学的优良传统。中国古代哲学是古代哲学家世界观、人生观在特定历史条件下的理论表现，其中既有精华，也有糟粕，在马克思主义指导下加以"扬弃"，弃其糟粕，扬其精华，有助于进一步肃清官僚主义、等级观念和家长制作风，继承和发扬民主性精神，弘扬重德精神、务实精神、自强精神、爱国精神等，以推动社会主义精神文明建设。

第二，克服民族历史虚无主义，振奋民族精神，培养崇高的爱国主义情操。中国古代先哲们，在思考和回答宇宙人生的各种问题的过程中，创造了辉煌的中国古代哲学，对中华民族以至于全人类物质文明和精神文明做出了巨大贡献。其精华部分如《孙子兵法》的杰出军事辩证法思想等，在世界上的影响并没因岁月的流逝而减弱，相反是与日俱增的。这是中华民族的骄傲，值得引以为豪。学习中国古代哲学，有助于克服某些人存在的妄自菲薄和民族历史虚无主义毛病，以振奋我们的民族精神，培养崇高的爱国主义情操。

第三，学习中国古代哲学，锻炼和提高理论思维能力。中国古代哲学家总是按照自己的特色思维，以其特殊的哲学范畴和原理，建构富有思辨色彩的哲学理论体系。虽然玄奥，但却是他们由浅而深、由粗而精地认识世界，并不断克服障碍创造的思想精华。学习中国古代哲学，可以帮助我们吸取理论思维的经验教训，锻炼和提高自己的理论思维能力，一来有助于学习诸如中医药学这些渗透着中国古代哲学思想传统的自然科学和社会科学，二来有助于更好地攀登科学技术高峰。

第四，学习中国古代哲学，有助于加深理解中国化的马克思主义——毛泽东思想和邓小平理论。任何一种新的思想都不是凭空产生的，而总是从已有的思想资料出发的。以《矛盾论》和《实践论》为核心的毛泽东哲学思想，以及以建设有中国特色社会主义为主体的邓小平理论，除了对马克思主义哲学思想的继承和发展，同时也是中国传统哲学的批判总结。因此，要深刻理解毛泽东思想和邓小平理论，不仅要懂得马克思主义哲学，还要懂得作为中国传统文化核心的中国古代哲学。

2. 学习中国古代哲学的方法

当学习中国古代哲学的目的明确之后，接下来的任务就是寻求到达目的的方法。学习中国古代哲学总的要求是理论联系实际，即以马克思主义一般原理为指导，从中国古代哲学中引出带普遍意义的东西来，借以推动我们今天的各项事业。具体方法有下列几种：

第一，逻辑与历史相统一的方法。逻辑与历史相统一的研究方法是马克思主义熔铸、改造黑格尔哲学史观所取得的重大成果。在黑格尔那里，"历史"要统一于"逻辑"，历史的发展要屈从于"绝对精神"的逻辑进程。马克思和恩格斯对黑格尔的这一思想进行了唯物主义的改造，认为"逻辑的方式……无非是历史的方式，不过摆脱了历史的形式以及起扰乱作用的偶然性而已。历史从哪里开始，思想进程也应当从哪里开始,而思想进程的进一步发展不过是历史过程在抽象的、理论上前后一贯的形式上的反映;这种反映是经过修正的,然而是按照现实的历史过程本身的规律修正的,这时,每一个要素可以在它完全成熟而具有典型性的发展点上加以考察"。逻辑与历史相统一的方法要求我们,一方面要坚持从历史事实出发,把生动的、现实的历史过程,作为哲学概念、范畴、命题与问题及其辨析、解释、发展的出发点、根据和基础;另一方面要善于透过历史的现象形态,摆脱历史偶然性因素的影响,从历史上具体的哲学矛盾运动中去发现概念、范畴、命题与问题及其辨析、解释、发展的逻辑进程与理论上前后连贯的逻辑环节,从而找到中国哲学思维发展的一般规律。

第二,批判与继承相结合的方法。学习历史,就是要回顾、总结、辨析历史留下来的成果。在数千年的历史中,先哲们创造了极为丰富的哲学成果。研究中国哲学史,应当认真继承先哲们留下的珍贵遗产。但是,历史上的哲学家又无不受特定时代社会经济与文化环境的制约,其哲学思想不可避免地具有自身的局限性,这就要求我们在学习和研究历史成果的过程中,坚持辩证分析的方法,对古代哲学家及其思想既不盲目崇拜、全盘吸收,也不简单否定、一概排斥,

而是吸收其精华、抛弃其糟粕，以服务于中国当代哲学的建设和发展。

第三，阶级分析的方法。马克思主义的阶级分析方法是唯物史观观察社会、认识历史的基本科学方法。中国传统的思想家、哲学家，无不是生活在特定的经济社会条件下，无不具有特定的政治立场和阶级立场，他们阐发的哲学思想和主张，有意无意地都会打上特定阶级烙印。离开了阶级分析方法，我们对许多古代哲学思想的产生、发展和历史意义就无法说清。这就要求我们在研究中国哲学史时，不仅要从思想发展史和学术史上认清其理论意义，而且要运用阶级分析的方法深入考察其哲学思想背后的经济、社会原因，从而深入理解其政治和文化意义，把握其阶级性的内涵，透过现象看到更本质的东西。当然，在运用阶级分析法分析具体哲学思想时，要防止简单化、机械化、教条化，努力做到实事求是、全面客观。

第四，比较分析和史料鉴别的方法。研究中国哲学史需要在比较哲学的视野下把握中国哲学的自身特点。中国古代虽然没有西方哲学的形式系统，却有哲学的实质内容。如何正确理解哲学问题的精神实质，超越中西哲学的形式表达上的差异，在异中求同、在同中析异，是研究中国哲学史必备的知识视野。科学的比较法要把握两个方面环节：一方面要对不同的过程、领域或不同的阶段进行比较（类比），比较它们在本质上的相同之点和相异之点；另一方面，要对事物、过程本身内部矛盾的双方进行比较（对比）。只有对过程本身进行矛盾分析、对比，才能在不同过程之间进行比较。

第三节　中国古代哲学大观

■ 中国古代宇宙生成论

中国古代宇宙论内容是非常丰富的，探索的是宇宙究竟怎样构成、怎样演化的奥秘。其理论可概括为：元素论、绝对观点论、气论、原子论、元素统一体论、神创论、象数论等。这些类型中多元论是少数，大多数主张一元论，从哲学基本路线看，可分为唯心论和唯物论。神创论、绝对观点论属于唯心论，其它为唯物论。说明我国古代哲学家在宇宙论中有许多高见和贡献，但整个宇宙观中唯心论占了上风。

一、逐步从同宗教联系中摆脱出来。

比如："五行说"在《尚书·洪范》中被认为是天帝赐给的九类治理天下的大法。在史伯那里虽说"五行"已成为构成世界万物的五种元素，但他把"五行"说成是先王的公德所赐予，还未能摆脱天命的束缚。由上帝到先王是一个进步，但仍然属唯心主义。随着生产科学的进步，人们的认识逐步提高，在《易经》那里则归结为"太极""天地"，排除了宗教迷信的影响。由上帝、先王归结为天地，反映思维水平的逐步提高。

▲ 中国古代五行图

二、从原始的多元的物质概念到朴素的单一的物质概念，是思维水平提高的又一表现。

物质概念是宇宙论的重大问题，也是唯物主义哲学的基石。中国古代形成物质概念大体有两条途径：一是从有形的事物里寻找。从"五行"中把水作为万物本原，作为世界形形式式的始基，其探索尽管相当困难，但毕竟是从物质中解释世界统一性的尝试。二是从无形的事物中去寻找。中国古代哲学家很早已讲"气"，用"气"说明世界的本原。先秦有的思想家认为，"气"是构成人体的因素，汉代形成"元气"的概念，包括阴阳在内统一的"气"，唐朝柳宗元的"元气"有一元论的思想因素，北宋张载把一切客观实体归结为"气"。这些观点，一直为后来的哲学家所赞同和运用。从多元发展为单一的物质概念，反映思维水平进一步提高。

三、唯物主义宇宙论是建立在自然知识基础上的。

在人类认识发展史上，哲学和自然科学是并驾齐驱、相得益彰的。唯物主义宇宙观就是包括自然科学知识在内的哲学概括。中国古代唯物主义者与自然科学家是结成联盟的。比如张载是一位科学、哲学兼优的学者，在科学中有卓越见解，又能从科学中引出哲学理论。他发展了古代地球运动的理论，提出宇宙结构的假说，明确把地球浮于水上的说法，改为"地在气"中，认为地球是有升有降的，地球这种变化的原因在于"气"的推动。这个说法并不完全符合科学事实，但这种观点包括地球自转、地球一年四季变化都是由于自身的运动和地球在宇宙空间不停运动的思想，这是古代对自然认识的重大进步。与自然知识密切相关，得出气一元论哲学结论，表明唯物主义离不开自然科学，唯物主义要在自然科学中汲取营养，来丰富发展哲学理论。

四、人类对宇宙的认识是在曲折的道路上进行的，在思想认识史出现唯心主义宇宙论是不奇怪的，要从认识论的根源上寻找原因，总结经验和教训。

第一，把普遍规律抬高到超越于物质世界的地步，是老子"道"论走向唯心主义的途径。老子的"道"是从天道观分出来的。天道最初包含两种含义：一是日月星辰等天体的运行过程，二是利用日月星辰来推测人类的祸福。天道观包含天文知识和迷信的东西，也推论出天上变化的规律。老子论"道"的积极意义，是把天和道倒过来，不是道从属于天，而是天从属于道，即把上帝创世主地位推到了。但老子又把普遍规律抬高到不适当的地步，把"道"看成脱离天地、先于天地的绝对，把"道"看成最高的范畴，以"道"作为万物的本原，把普遍规律置之物质世界之上，这就不可避免陷入唯心主义。

第二，不是从自然本身出发认识自然界，而是从人类社会出发，以人来比附自然，得出"天人感应"论，这是董仲舒神创论的唯心主义途径。董仲舒为了封建集权专制，以君主形象来塑造天的神性，以皇帝在人间至高无上的地位比附天神对宇宙万物的主宰作用，把天神描绘为世界造物主，把社会道德属性附加在气、阴阳、五行之上，整个自然界受道德律令的支配。认为阳是天的恩德，阴是天的刑法，阳是尊，阴是卑，这是天道。三纲五常都取决于阴阳之命，即是说君应成为臣的统治者，妇女应服从男人，强调人间一切受天的支配。董仲舒把天与人进行毫无根据的主观比附，把天说成是人的正本，把人说成是天的副本。这是典型的神秘主义"天人合一"思想。

■ 中国古代本体论

对本体论的研究，中国古代一般来说先研究宇宙的起源和结构，然后才研究世界的本原、本体。所以，古代本体论形成比宇宙生成论要晚。

当然在先秦也有本体论,如老子的道论,《易传》的太极论。但到魏晋之后才受到较大的重视。佛教传来中国经过历代僧人的消化和创造,提出"识论""心论"和"理事论"。宋代以后有"惟理论",故又导出陆九渊、王守仁的"心论"。王夫之等人由"气"论推演为"器"论。

中国古代本体论的重要内容是道和物、无和有、理和气、心和自然的关系。从类型看,包括理说(包含道、理)、气说(惟气说)、空无说、有(存在)说、心说(包括识)等本体论的观点。其中以一、二、五为最重要,一、三、五是唯心主义,二、四是唯物主义。

1. 古代唯心主义本体论与唯物主义本体论在对立统一中发展

以魏晋玄学为例。王弼提出贵无论,以无为本,以有为末,是唯心主义。郭象不同意这种观点,认为有是唯一的存在,万物是自生的,其根据是"自性",任何事物的生成都是独立自主的,和其它事物没有关系,因此是"无待""独化"。郭象否定了王弼的观点,把理论推进了一步,但他自己被形而上学所桎梏。后来裴頠又继承了郭象的观点,并加以改造。郭象认为事物之间是彼此独立的,而裴頠却认为,万物之间是互相依赖、互相依存的,其理论较郭象又向前推进了一大步,但裴頠讲的也包括物质和精神的现象,故留下新的矛盾。后来佛学家僧肇提出"非有非无"的不真空论,其哲学理论走向了唯心主义。

中国古代本体论是在唯心与唯物的对立统一中发展的。其作为哲学理论的发展,既有对立的一面,又有统一的一面。那种只看到对立、看不到统一,或者只看到统一、看不到对立的观点是不确切的。

2. 唯心主义本体论论证途径

以道学、理学、心学为例。

道学包括理学和心学,理学是道学中的一部分。理学以理为宇宙万物之本原,心学以心为世界万物的本原。

理学走向唯心主义途径。"天"的伦理化和"理一分殊",是理学走向唯心主义的途径。古代把天意智化为两个方面:一是把天神秘化,董仲舒是其代表人物。董仲舒把天说成是宇宙间最高的主宰,天是至高无上的神,宇宙间万事万物都是天创造出来的,把天神秘化,显然是一种神学目的论。另一种是把天道德化,其代表是二程和朱熹。二程体会"天理"两字,是指封建道德和秩序,认为"天理"是人与其他动物区别之所在,把"天理"说成永恒不变的,以此论证"父子君臣,天下之定理"这种封建等级关系是不依人的意志为转移的永恒的理论,其实质就是把"天"道德化、神化,这必然导向客观唯心主义。把天与伦理化相联系的是朱熹的"理一分殊",认为万事万物是理的体现,他的理不是从客观事物中抽象出来的规律,而是先于事物而存在成为主宰万物的主体,其实质是头足倒立的客观唯心主义。

心学走向唯心主义途径,主要是无限夸大主观的作用,虚构先天道德观念。陆九渊王守仁把"心"作为万物的主宰,把人心伦理化为"良知","良知者,心之本体",把良知看作是一种天生就有的辨别是非的能力,是人心中的天理,是万物赖于存在的根据,故导致"心外无理""心外无物"的观点。把心伦理化、先验化,并作为万物的本原,而走向主观唯心主义。

■ 中国古代变常观

中国古代哲学具有丰富的变常思想,其中光辉的思想表现了先哲深邃的智慧。

1. 中国古代变常观的要点归结为以下五点

(1)中国古代哲学家大多数认为运动是普遍、绝对、永恒的,静止是相对的、暂时的。完整的理论代表是王夫之。

（2）运动变化是有规律的，不是杂乱无条理的。刘禹锡提出"数"和"势"的哲学范畴，表达运动变化的必然性、规律性思想。

（3）运动变化的规律有两条：一条是反复，反复是说事物在一定范围演变达到极限之后的转变。反是指事物由生长到衰落，复有两层意思：一是终则有始，更新再始；二是回复到原始状态。这是两种不同的意思，但古代哲学家往往把两者混为一谈，以为终则有始就是回复到原始，这就陷进了简单的循环论。一条是渐变和突变的规律，在事物发展过程中，必须经过量的积累，然后才有反复，量的变化必然引起质的变化。具有这种思想的有老子、《易传》、张载、朱熹等，但中国古代哲学家比较重视渐变。

（4）变化的过程和趋势是日新、创新，不是旧事物的重复。《易传》、王夫之对这个问题讲得非常明彻。

（5）运动在总量中是守恒的。中国古代运动守恒思想接近于近代科学的守恒思想，表现在王夫之的辩证法中。

2. 中国古代哲学变常观中有形而上学思想

除表现循环论外，主要表现为两种相反形态：一种承认运动变化，否定静止。以庄子为代表，主张"无动而不变，无时而不移"，承认事物的变化，而否定事物的稳定性；另一种把静止看成是主要的、根本的。有四种类型：

（1）汉代经学家董仲舒承认事物有枝节变化，反对有实质的变化。

（2）王弼认为本体不变，现象是变化的；静止是根本的，运动是非根本的。

（3）僧肇认为运动与静止没有多大区别，运动本身体现了静止，发展本身体现了不发展，最后把运动归结为静止。

（4）朱熹主张"静主动客"，对动静在事物发展过程的地位和作

用作了错误的判断。任何事物的存在和发展,是绝对运动和相对静止的统一,把运动和静止割裂开来,只看到运动,否认事物的相对静止,或者只看到静止,把静止状态绝对化的观点,是中国古代哲学形而上学理论思维的一个重要特征。

3. 中国古代变常观辩证法观点

从中国古代变常观辩证法观点更多的或主要是由唯物主义哲学家阐发,而不是唯心主义哲学家阐发这点来看,说明中国唯物主义与辩证法传统是相互伴随而出现的,但由于两者具有朴素直观的性质,故没有达到有机结合的程度。从发展中来考察,越到后期二者结合得越紧密。先秦、《易传》既有辩证法思想,同时又是唯物主义的。荀子是唯物主义者,变常思想也作出了贡献。从汉代到唐代结合较差,两者若即若离,比如王充、范缜都是唯物主义者,虽有辩证法思想,但前者是宿命论者,后者是偶然论者。宋代以后朴素辩证法和唯物论的结合越来越普遍,而且越来越紧密,比如张载、王安石、王夫之等哲学家既是唯物主义者,又是辩证法家。

4. 形而上学变常观较多的是唯心主义哲学家阐发的

唯心主义哲学家大多不否认运动变化,有的还有丰富的辩证法思想,如老子。中国古代唯物主义者虽也有形而上学思想,但古代形而上学观点主要是唯心主义哲学家论述的,如董仲舒、王弼、朱熹、僧肇等。虽不能说唯心主义与形而上学有其必然的联系,但唯心主义宇宙观往往对其思维方式起着制约的作用。比如董仲舒把他的哲学归结为天命,王弼强调以静为本,动归结为静,僧肇强调即动求静,为了追求宗教的寂静,朱熹以理为万物的本原,强调理不依赖任何事物而永恒存在,从而提出了"体静用动"的观点,把静提到比动更高的地位。与辩证法坚持用联系的、发展的、全面的观点观察世界相反,形而上学坚持用孤立的、静止的和片面的观点看世界,这是形而上学认识论根源。

■ 中国古代矛盾观

什么是中国古代矛盾观?又如何理解中国古代矛盾观?从以下几点就能作出详细分析。

1. 中国古代矛盾学说是丰富的,同时又是朴素、不彻底的

从《易经》对立思想的萌芽到王夫之的学说,几千年来,思想家们对矛盾学说进行了深入的探讨。中国古代哲学家对对立统一思想有比较深刻的认识,对矛盾的普遍性、必然性、互相渗透、互相转化、转化的根源在于内部矛盾的作用、分和合、二和一、斗争性、统一性等方面都有不同程度的论述,有的达到了相当的深度和高度。王夫之就是中国哲学史上杰出的唯物辩证法哲学家,他关于"分一为二"与"合二以一"的观点,相当深刻地论述了辩证法的对立统一规律,把古代辩证法发展到最高水平。但也要看到中国古代矛盾学说中存在的缺陷,有的建立在唯心主义基础上,而普遍的则是直观的、臆测的,并没有认识到矛盾转化的条件性,更多的哲学家忽视矛盾的斗争性,并带有调和论倾向。

2. 中国古代矛盾学说的发展,有个漫长曲折的过程

中国古代矛盾学说大体分为三个阶段:

第一阶段:先秦时代的《易经》、史伯、史墨等思想是朴素辩证法初步形成阶段。老子总结前人思想,把辩证法推向前进,是辩证法系统化阶段。《易传》把先秦辩证法推向高峰,是辩证法发展阶段。以老子、《易传》为代表,反映了古代哲学家对事物变化的原因有相当认识。先秦阶段朴素辩证法占优势。

第二阶段：汉至唐时代，《皇帝内经》、杨雄都有辩证法思想，但影响比较小，随着封建统治而日趋巩固，官方哲学家宣扬形而上学，鼓吹矛盾调和论。

第三阶段：宋、元、明、清时代，封建社会内部矛盾激烈，地主阶级中少数有识之士要求改革，自然科学有了相当的积累和长足的进步，所以辩证法思想得到前所未有的发展。邵雍确立了"阴阳相分"学说，张载提出"一物二体"学说，朱熹继承二程思想又吸收张载学说中的某些因素，发展了"阴阳相分"的理论。方以智、王夫之继承张载思想，提出"分一为二，合二以一"的理论，把朴素辩证法推向高峰。古代朴素辩证法由低到高，由浅入深，由贫泛至深刻，由片面而全面，沿着否定之否定的规律曲折前进。以第三阶段为例，张载对邵雍思想的否定，朱熹对张载思想的否定，方以智、王夫之又否定朱熹的理论，这否定之否定的过程是古代辩证思维相应提高的过程。朱熹继承了邵雍又高于邵雍，王夫之继承了张载又高于张载。朱熹是由于张载对邵雍的否定而超过邵雍，王夫之是由于朱熹对张载的否定而超过张载。这否定之否定过程本身正体现了矛盾的辩证法。

3. 中国古代朴素的矛盾观与形而上学矛盾观在对立统一中发展

中国古代矛盾观，一类属朴素辩证法，一类属形而上学。前一类既承认矛盾的斗争性又承认矛盾的统一性，如老子、《易传》、王夫之。这当中有的比较侧重于矛盾的斗争性，如韩非；有的则突出矛盾统一性，如方以智。后一类也有多种类型，一是矛盾的等同论，如先秦时代"和""同"之说，主张"同"的观点者认为事物是简单的等同。二是矛盾的融和论。不承认矛盾斗争性，把矛盾属性理解为调和，如董仲舒、法藏。三是矛盾泯灭论。承认事物的矛盾，但认为矛盾双方是无差别的，把矛盾对立归结为"道通为一"这种抽象的概念中而泯灭了矛盾，如庄子。四是矛盾的凝固论。强调矛盾的对立，片面夸大对立面而忽视统一的一面，结果使矛盾双方凝固化，或者否认转化，或者把矛盾的转化看成循环论。

辩证法和形而上学是对立统一关系。两者既互相斗争又互相影响，是对立统一中发展的历史。以张载、朱熹、王夫之为例，朱熹极力否定张载的"气"的言论，又吸收了张载的"两一"学说，王夫之鞭挞了朱熹"理是本气是末"的观点，又吸收了朱熹"一个包两个"的思想，酝酿了自己矛盾观的酵母。朱熹是张载的对立面，又是张载哲学思想的继承者发挥者。朱熹是王夫之的对立面，又是王夫之哲学思想的启迪者。没有张载就没有朱熹，没有朱熹也不会有王夫之。

4. 评价中国古代矛盾观应注意的问题

对中国古代矛盾学说的评价往往存在较大的分歧。比如中国古代哲学中讲的"和"是否形而上学呢？这就要作具体分析。"和"有统一、合一、混一、合并等含义，要把"和"与"分"的观点和对立统一关系联系起来才能作出正确的评价。董仲舒讲"和"是把阴的一面归合到阳的一面去，一方绝对服从另一方，否认对立双方的斗争和转化，这是形而上学。方以智讲"和"，不是离开"分"来讲的，"和"是相交，对立面无不相交，"和"就是对立面的统一，既讲对立又讲统一，这是辩证法。讲"融合"是否就错了呢？这也要作具体分析。从矛盾发展过程讲矛盾融合不是调和论，其矛盾运动的结果不是维护旧事物而是扬异旧事物、产生新事物。如果排除矛盾不是从对立双方的关系讲融合是违反辩证法的。中国古代哲学也有讲"分"而导向形而上学的，承认事物有对立面，事物是"一分为二"的，这观点具有辩证法因素，但把"分"过份夸大，以至把对立面凝固化、绝对化，否认事物的转化，就会导致形而上学。道学的阳尊阴卑就是这思想的体现。

■ 中国古代知行观

中国古代知行观在先秦时代就进行了探讨，发表了各种各样的观点。对知行来源、求知方法、知行难易、知行地位等问题进行了研究，成为知行学说的萌芽。汉唐在知行来源方面展开了较深入的探讨。宋到清代由于统治阶级高度重视封建道德教育，对封建阶级的知和行成为理学家理论研究的核心。

1. 中国古代知行观争论的四个问题

（1）知行的先后问题

关于知识起源问题有三种观点：

①两种来源论。孔子主张既"生而知之"，又"学而知之"。墨子认为主要是人的器官对外界的感知，但有些知识也来源于思维。张载认为一种是道德知识，一种是感性知识，这两种知识是主观对外界事物相符合的结果。王夫之认为知识主要来源于外界，但道德知识来源于内心。

②唯心主义反映论。一种是唯心主义先验论，孟子、二程、陆九渊、王守仁为代表；一种是天命论，董仲舒为代表。

③唯物主义反映论。荀子、王充主张人的知识来源于感官对外界的接触。在宋朝以后则以"行先知后"的形式提出，以王夫之为代表。但程、朱却主张"知先后行"，体现了两条认识路线的斗争。

（2）知行的分合问题

这个问题涉及认识的过程，认识运动辩证法问题。

①知行分立说，二程主张"离行以为知"，把言行分为两截，这是唯心的。

②王守仁的"知行合一"说，看到了知行的统一，有辩证法因素，

但他主张"以知代行",把行统一到知中,这亦是唯心的。

③王夫之的"知行并进"说,认为知行不相离,知统一于行,知行互相并进,知行互相依存、互相作用,是无限发展的过程,这种知和行关系的辩证思想的表述是比较正确和深刻的。

▲ 古代先贤

（3）知行的轻重问题

这观点与认识来源、认识方法、认识途径相联系,讲的是认识的地位作用问题。

①反对知识、认识。认为知识是人们斗争的凶器,主张无知,如道家、佛教的观点。

②重知轻行。如程颐的观点。

③知行并重。是唯物主义者普遍的观点。宗教也主张宗教理论和实践并重,但实际上仍以知为重。佛教讲的"禅"（思维修）,指的就是内心修炼的实践活动。

④重行。以墨子、王夫之为代表。朱熹、佛教也强调行,但是以封建道德为其行的标准。

（4）知行的难易问题

朱熹、王夫之都主张知易行难。知行作为无限认识过程,很难区分难易,只能在某一认识阶段或特定意义上区分难易。

2. 中国古代知行观的特点

（1）具有伦理化倾向。中国古代知行观比较多地与伦理道德相联系,这既是缺点又是优点。缺点是与自然科学联系少,影响和限制了对自然科学的认识。优点是重视道德修养，有利于治国兴邦。

（2）中国研究知行问题有二千多年的悠久历史，给后人留下了丰富的精神财富，是人类认识史上的文化瑰宝。

（3）中国从汉到唐佛教流行，佛教知行说的流行是一种畸形的知行观。但我们若能净化其宗教内容，就其某些知行学说从历史角度来研究，也是中国古代知行观的重要方面，同样是传统文化的组成部分，应予以重视和研究。

3. 中国古代知行观的缺陷

（1）没有真正了解实践的意义及其在认识过程的作用

中国古代哲学家如王廷相、王夫之、颜元等都提出过实践的范畴，特别是王夫之讲的虽然是指个人的实践活动，但也包含了生产斗争活动和社会历史的创造活动。从历史的角度来看，不了解实践意义的原因是多方面的：

①这些哲学家都是学者，大多数着重说明世界、认识世界，没有投身到变革世界的实践中去，他们重视个人和社会的道德修养，维护封建统治，因而反对变革社会。

②古代哲学家有的站在统治阶级的立场上，反对变革实践，甚至仇视劳动者的革命斗争。如明代王守仁的"致良知"说的实际意义，就是要求劳动者破除私欲，克服反抗思想，放弃争取生存权利的斗争，从而实现其"破心中贼"的目的。

③长期以来生产力发展缓慢，靠天吃饭，限制了人的眼界，看不到人在生产斗争、社会斗争中的作用。

（2）不懂得知行的辩证发展过程

除王夫之有一定了解外，绝大多数哲学家都不能揭示由行——知——行的无限往复的过程，不懂得认识过程的飞跃。即使是唯物主义者，但不懂得认识过程的辩证法，故不能使自己的理论深化，甚至陷入形而上学或者唯心主义。

4. 中国古代知行观说明本体论和认识论在认识上并非完全一致

墨子是唯物主义反映论者，但在本体论上却是个天志论者。张载在本体论上强调"气"是万物的本源，但在认识论上却主张"德性知之"的唯心主义先验论。一个哲学家在本体论和认识论上一般是一致的，但也不一定完全一致，究其原因，因为本体论、认识论两者既有区别又有联系，是哲学同一内容不同序列的问题，故容易把两者加以混淆。

■ 中国古代人性观

如果想要对中国古代人性观有一个比较深入的了解，还需要从以下几个方面着手。

1. 中国古代人性观的内容包括四个方面

（1）人性的含义

人性的含义不同，没有统一的定义，概括起来约有四种含义：

①生而自然者，相当于自然属性。告子、庄子和荀子讲的性是说"性者天之质"，张载的"气质之性"也是讲生而自然的，是指不学而具备的生理欲望。

②人所以为人者，即人性。这是人之异于禽兽，即高于、优于、贵于禽兽的地方。"人有恻隐之心""心知"等仁义道德以及思维能力，是人性的特征。

③人性是人的根本。张载、二程、朱熹讲的人性就是宇宙的本性。人是宇宙的一部分，人性是人的本性、根本。

④成佛的根据。这是佛教学者的观点，强调超脱尘世的迷妄、苦难，"见性成佛"。

▲ 宴饮图

（2）人性的善恶

人性是善是恶，是中国古代哲学人性问题争论的焦点。善恶是伦理范畴，而人性与伦理既有联系又有区别。古代大多数哲学家以善恶论人性，争论的并不是人性的内容，而是探索善恶的起源。重视伦理学和人性的关系是中国古代哲学的特点。

（3）人性的异同

中国古代哲学家有两种对立的主张，大多数哲学家包括佛教学者认为人性是相同的，有些哲学家则认为是相异的，有的把人性分为三品，有的把本原之性看成是相同的，气质之性则人人相异。应该说人性有同有异，是共同性与差异性的统一，自然属性与社会属性的统一。

（4）人性的形成

中国古代哲学家大多数认为人性是先天形成，也有哲学家认为是后天形成的，如告子。这两种人性论有其合理的一面，但亦有其片面性。人性中的自然属性是先天的，社会属性是后天的，思维属性有其先天的物质基础，但主要是在后天社会实践中发展的。

2. 中国古代人性观的演变

人性学说随着社会发展，尤其政治形势的变化而演变。性善论、性恶论、性无善恶论等等，其争论的主要焦点是先天的还是后天的，孟子和告子的争论中各持一端。荀子提出"性伪之分"就是要区分先天的和后天的，他以自然属性为人的本性，同时又注意到仁义礼智等善的品德是后天人为的，解决了人性善与现实生活中恶的存在的矛盾，这是在批判孟子、告子人性论基础上的更高一级的人性观，是经过一个否定之否定的过程。两汉以气论性（董仲舒、王充）引出人性有多品的思想。魏晋南北朝出现佛学，把人性论神学化。明清由性二元论转为性一元论，以性善论占统治地位，因为性善论比性恶论更适合统治阶级教化的需要，王夫之、戴震是这个时期的主要人物。

3. 中国古代人性学说史中带有普遍性的现象

（1）研究人性的出发点、归结点以及论证方式有个普遍的现象，就是从当时统治阶级的政治利益和道德教化为出发点，特别重视人性的行为和道德的教育，把道德与人性结合起来。

其表现之一是从宇宙观出发论人的本性，说明人性是天赋的，道家、理学家都主张人要回归到自然，主张"天人合一""尽性知天"，他们认为在人与自然的对立关系中，通过尽性来消除人和自然的矛盾，使天人合一，内外合一。表现之二，是强调道德教化和社会结构秩序相和谐，个人与社会既不分立更不对立，要融为一体。这亦是一种复归的观点，其实际是直接为封建统治秩序作论证的人性理论。

（2）从几个主要流派人性论观点看，经历了由分立到融合的历史过程。

儒家以善恶论性，道家以动静论性，佛学家以清净论性，理学家融合儒、道、佛三家论性。周敦颐、二程、朱熹认为人性是善的，故主张"主静"复性，达到至"诚"的道德境界，成为维护封建统治的理论基础。

（3）中国古代人性论在广度和深度方面是取得一定成就的，特别是王夫之、王安石、戴震等唯物主义人性论学说对后人以启迪，是中国传统文化中极为宝贵的部分。但由于历史和阶级的局限，他们的人性论仍然是超阶级的抽象的人性论。

人具有自然属性和社会属性，在这两重属性中，真正把人和其它动物区别开来，从而决定人的本质的，主要不是人的自然属性，而是人的社会属性。人与人之间在社会实践活动中通过合作与交往结成一定的社会关系，从而形成人的社会本质。马克思指出："人的本质并不是单个人所固有的抽象物。就其现实性上，它是一切社会关系的总和。"对于理解人的本质来说，人的社会属性比自然属性更为重要。在阶级社会中，阶级性不是社会属性唯一内容，但在社会属性中占着重要的地位。因此，在阶级社会中，不能脱离阶级性去谈抽象的人性论。当然，对古代哲学家来说，由于受到时代的局限，是难以认识到这一点的，我们亦不宜苛求。

 拓展阅读

中国古代哲学以"修身"为根本

中国古代哲学家讲哲学时，往往也在讲如何做人，喜欢从自身说起，由己及人，由个人扩展到群体，再延伸到一个国家乃至整个人类。

经典著作《大学》里面即有这样的话："自身的精神修养提高了，家庭才能整顿好；家庭关系理顺了，才能治理好国家，国家治理好了，天下才可以得到太平。"这些话反过来说，道理似乎更容易理解，那就是："如果你连自己的修养都提高不了，你怎么可以将家庭整顿好？如果你连家庭关系都理不顺，你如何可以治理好国家？既然你无法治理好国家，天下当然也无法得到太平。"以上这些，便是中国人耳熟能详的"修身、齐家、治国、平天下"。

中国哲学将"修身"视为根本，认为"自天子以至于庶人，一是皆以修身为本。其本乱，而末治者，否矣。其所厚者薄，而其所薄者厚，未之有也"（《大学》）。就是说：无论你是最高统治者，还是平民百姓，都应该将修身作为根本。如果自身修养无法提高，那么其他一切都是虚的，是无源之水、无根之木，是无法真正成功的。

第二章
先秦时期哲学的诞生

　　当我们祖先在思考宇宙和人生的过程中形成了一个能够统摄并合理地解释宇宙和人生的本体或本原概念时，中国哲学开始真正诞生了。中国哲学的诞生经历了一个从萌芽到形成的历史过程。中国古代哲学最早萌芽于先秦时期的哲学家们在自己的生活和实践基础上产生的创世神话、宗教信仰以及政治活动。

第一节 先秦时期哲学的萌芽

■ 早期的"阴阳""五行"说

　　我国是世界文明古国之一,有将近四千年文字可考的历史记载。中国古代哲学在原始社会已经有了萌芽。原始人群在劳动生产中,在征服自然的斗争中,发展了他们的思维认识能力。恩格斯说:"思维对存在、精神对自然界的关系问题,全部哲学的最高问题,像一切宗教一样,其根源在于蒙昧时代的狭隘而愚昧的观念。"

　　据考古材料,我国原始社会的墓葬中已有生产工具、武器、生活用品等随葬物品,表明原始社会的人们相信人死后还继续其生前的生活,这是灵魂不灭的观念。同时,由于当时人们对梦境、感觉、思维等精神现象不能正确解释,以为有离开主体而存在的灵魂。这些都是宗教迷信、唯心主义的原始的认识论上的根源。另一方面,原始社会的人们在生产实践中,也逐渐积累了一些实际经验,对物质现象和自然界的一些简单规律有一些朴素的了解,对客观世界在一定程度上有比较现实的态

▲ 中国古代祭祀面具

度。这可以说是唯物主义和无神论思想的萌芽。

在原始社会虽然有了唯物主义和唯心主义的萌芽，但是，哲学作为一门概括人类知识的学问，一种探讨世界观的意识形态，只是在人类进入文明时代以后才诞生的。根据古代传说和考古发掘的资料，我们的祖先大约在黄帝时已开始向文明时代过渡。从夏代（约公元前21世纪至公元前16世纪）开始进入奴隶社会，商（约公元前16世纪至公元前11世纪）和西周（约公元前11世纪至公元前771年）是奴隶制的鼎盛时期。

商周时代，全国的土地和奴隶都属于奴隶主贵族所占有。天子又把它封给自己的亲族和同盟的氏族或部落，在各地建立起大大小小的诸侯国。这些诸侯国又把划成井字形的方块田连同一定数量的奴隶分封给卿大夫，由他们派人管理，强迫奴隶耕种。农业是当时的主要生产部门，农作物已经大体具备了我们今天农业上的一些主要品种。随着农业生产的发展，畜牧业、手工业和商业也迅速地发展起来，而在这些行业中，也都使用奴隶劳动。

奴隶社会的主要阶级矛盾是奴隶和奴隶主贵族的矛盾。奴隶主根本不把奴隶当人看待，奴隶不仅不算公民，而且不算是人，奴隶是奴隶主的私有财产，是会说话的工具，可以随意打骂、屠杀和买卖。奴隶主对奴隶的残酷剥削和野蛮统治，激起了广大奴隶的反抗和斗争。在商周社会中，除了奴隶和奴隶主阶级外，还有一个平民阶级。他们原是统治者氏族中的普通成员，有人身自由，地位比奴隶高，但他们靠劳动为生，也受奴隶主的剥削，并经常被奴隶主贵族用作进行战争的工具，因此他们也反对奴隶主的统治。

早在夏王朝时期已建立奴隶主阶级专政的国家机器。到了商代和西周，奴隶主阶级的国家机器更加完备。商代甲骨文中已有"㚔"字，这是"国"字的最早写法，是用武力保卫人口的意思。商周时的国家设有一套以王为中心的官僚机构，另外还有军队、监狱等。奴隶主贵族享有政治特权，即使犯了罪，也不受刑法的制裁，这就是所谓"刑不上大夫"。"礼"最初是指祭神的器物和仪式。周代除仪式外，也含有规范和礼治的思想。周代把礼从仪式中区别出来，发展成为"君君、臣臣、父父、子子"的奴隶主贵族的等级制度和以奴隶主贵族血缘关系为纽带的宗法制度。"礼"只适用调节奴隶主阶级内部关系，奴隶和平民是根本没有份的，这就是所谓的"礼不下庶人"。

奴隶主贵族为了维护自己的统治，除了使用国家机器外，还把原始的宗教迷信加以改造，使它成为统治人民的工具。《尚书·召诰》记载"有夏服（受）天命"；《论语·泰伯》也说禹"致孝乎鬼神"，可见夏代的统治者已利用宗教迷信和天命论来欺骗人民了。

西周统治者承继了商奴隶主贵族祭天祀祖、敬事鬼神以及政权神授的思想观念，并在此基础上使之更加系统化、理论化。周奴隶主贵族为了加强对被征服种族的统治，把"上帝"和祖先分开来、突出"上帝"这个至上神的绝对权威。为了论证自己统治的永恒性，又提出了"德"和"以德配天"的理论。《尚书·召诰》说："惟王其疾敬德，王其德之用，祈天永命。"这是说，做国王的要认真崇尚德政，用德行事，才可以求得永保天命。周奴隶主贵族所谓的"德"，其具体内容一是"敬天"，二是"保民"，三是"孝祖"。这样他们就在理论上说明了，商王朝所以灭亡，是由于商的后代不能修明其德以配天命，而周的先祖因为能修明其德以配天命，所以上天就改变了主意，授命于周。周奴隶主贵族周公旦曾对商奴隶主贵族说："非我小国，敢弋殷命，唯天不畀。"（《尚书·多士》）

早期的"阴阳说"可以追溯到《易经》。现存《周易》包括两个部分：

一部分是所谓《经》，记录了六十四卦的卦象和周人卜筮的部分卦辞和爻辞；另一部分是所谓《传》，记录了后人对卦辞、爻辞的各种解释和理论上的发挥。

《易经》起于何时？有各种说法。它大概是在殷周之际积累了比较丰富的卜筮记录的基础上，经过整理加工而编纂成的一本书，以供人们卜筮时参考。

早期"五行说"可以追溯到《尚书·洪范》篇，司马迁在《史记·周本纪》中认为该篇开始一段话是周初武王和箕子的对话记录，不完全可信。但五行的思想在殷周之际就有。

《洪范》说："五行：一曰水，二曰火，三曰木，四曰金，五曰土。水曰润下，火曰炎上，木曰曲直，金曰从革，土爰稼穑。润下作咸，炎上作苦，曲直作酸，从革作辛，稼穑作甘。"这里讲水有润下之性，火有炎上之性，木可以揉曲直，金可以销熔而改变形状，土可以种庄稼等，是从生产实践和日常生活中概括出来的，具有科学思想的萌芽。而把润下与咸作为水的质的规定性，把炎上与苦作为火的质的规定性等等，实际上是把水、火、木、金、土看作五个范畴或类概念，用它们来区分和把握自然现象之网。这是哲学思维的开始。

■ 商周时期哲学论证的中心

殷商时代，神学和宗教思想在统治阶级的主流意识形态中占据主导地位。这一时期，我们的祖先已经从史前时期的多神崇拜中产生出了对唯一的至上神的信仰，这就是"帝"（天帝）在诸神中至上地位的确立和它同王权的直接关联。

天上神权原本是地上王权的反映，但在人类进入文明社会的早期，我们的祖先却认为，地上王权的合法性来自于上天，所以，《尚书·召诰》

说："有夏服天命。"连殷代的亡国之君纣也曾感慨："呜呼！我生不有命在天？"（《尚书·西伯勘黎》）一个王朝的建立是因为它禀受了天命，人们的生活和实践活动也要遵守天帝的意志。在殷人的甲骨卜辞中，我们可以看到这样的话：国王想建造城邑，天帝答应了（"王封邑，帝若"）。天帝要命令刮风了吗？（"帝令其风？"）天帝要命令下雨了吗？（"帝令其雨？"）天帝要赐给我们吃的并且保佑我们（"帝降食授又"）。这表明，殷人的一切活动都受到了天帝的干预。

尽管周初的统治者不可能一下子从殷商时期的天命思想中走出来，但是在殷亡周兴的过程中，周人逐渐认识到天命不是永恒不变的，"惟命不于常"（《尚书·康诰》），"天命靡常"（《诗经·大雅·文王》），"天不可信"（《尚书·君奭》）。但是，如何解释天命无常这一现象呢？周公引入了"德"这一范畴，"以德配天"，对夏商以来的传统天命观进行了改造。

周公，姓姬，名旦，文王之子，武王之弟，因被文王分封于岐邦周地（今陕西岐山北），故称周公。周武王灭商后二年去世，周公摄政，他"制礼作乐"，对"小邦周"之所以能够战胜"大邦殷"进行了深入反思，得出的结论是"皇天无亲，惟德是辅"（《尚书·蔡仲之命》），"民之所欲，天必从之"（《尚书·泰誓上》），因此，只有"敬德保民"，才能够"祈天永命"。因为天命服从人民的意志，所以，"敬德"与"保民"是统一的。周公说："人无于水监，当于民监。"（《尚书·酒诰》）"天惟时求民主，乃大降显休命于成汤，刑殄有夏……代夏作民主。"（《尚书·多方》）这里的"民主"即是民之主，亦即君主。"天"只选择能够为民做主者，所以，当夏桀、商纣昏乱暴虐时，"天"就降命于汤、武，使之诛灭桀、纣，代其作"民主"。

《尚书·无逸》告诫君王要"先知稼穑之艰难"，"保惠于庶民，不敢侮鳏寡"，"无淫于观、于逸、于游、于田"。君王要知道农业生产的艰难，勤于政务，施惠于民，体恤鳏寡，不要沉湎于声色逸乐、游观田猎之中。《尚书·康诰》强调君王必须"用保乂民"，"用康保民"，"若保赤子，惟民其康乂"。意谓君王要像保护初生的小孩那样"保民"，使其得以安康。《康诰》又强调"明德慎罚"，即治理国家主要是彰明道德教化，而谨慎使用刑罚。

▲ 周公像

把"天"和"德"联系在一起，以德配天，用"德"和"人"来取代天，这是周初统治者的发明。其进步意义在于，把人们的目光由天上拉回到人间，由注重天转为注重人。正如《礼记·表记》所说："殷人尊神，率民以事神，先鬼而后礼，先罚而后赏，尊而不亲……周人尊礼尚施，事鬼敬神而远之，近人而忠焉，其赏罚用爵列，亲而不尊。"这一重大变化反映了从殷商时期以祭祀的宗教文化为主、向西周时期以礼乐的人文道德文化为主的演进，而这也就成为中国古代哲学观念生长发育的摇篮。

■ 春秋时期天人观和人神观的转变

公元前770年，周幽王被犬戎杀死于骊山之下，周平王东迁洛邑。中国历史进入了大变动的春秋时期。这一时期的中国哲学围绕天道观念和人道观念开始形成朴素的唯物主义和无神论思想，并由此拉开了先秦诸子百家的序幕。

1. "天道"与"人故"

春秋时期的"天道"观念,上承西周末年的"怨天""疑天"思潮。因西周末年不断有天灾人祸出现,使人们对能够"阴骘下民"的天神越来越怨怼、怀疑。如《诗经》中就有:"荡荡上帝,下民之辟。疾威上帝,其命多辟。"(《大雅·荡》)"浩浩昊天,不骏其德。降丧饥馑,斩伐四国。"(《小雅·雨无正》)"乱匪降自天。""下民之孽,匪降自天。噂沓背憎,职竞由人。"(《小雅·十月之交》)在这些怨天尤人的诗句中,已可见人们对天神崇拜的怀疑。进入春秋时期以后,对"天道"的认识逐渐向着自然主义和人文理性的方向发展。

《左传·僖公十六年》记载:"春,陨石于宋五,陨星也。六鹢退飞,过宋都,风也。"宋襄公问周内史叔兴:"是何祥也?吉凶焉在?"叔兴先敷衍作答:"今兹鲁多大丧,明年齐有乱,君将得诸侯而不终。"然后退而告人曰:"是阴阳之事,非吉凶所生也,吉凶由人。"在这里,"阴阳之事"是解释自然现象,而"吉凶由人"则是把自然现象与人事吉凶区分开来,认为吉凶取决于人自身的行为。

《国语·周语下》记载:周卿士单襄公看到晋国君臣傲慢无礼,预言"晋将有乱"。鲁成公问:这是因为"天道乎,抑人故也?"单襄公回答:"吾非瞽史,焉知天道?吾见晋君之容,而听三郤之语矣,殆必祸者也……"瞽史是从"天道"来预测人事吉凶,而单襄公显然对此不感兴趣,他是用"人故"(人的原因)来预言"晋将有乱"。将"天道"与"人故"相区分,此"天道"就不是神意的表达,而是对自然现象及其规律的认识。

天文历法知识在春秋时期有很大发展。一方面,它与占星术结合在一起;另一方面,在对占星术的批判中,它也促进了唯物主义天道观的形成。如鲁国的梓慎和郑国的裨灶观测彗星出现在火星的位置,预言宋、卫、陈、郑将发生火灾。裨灶请求子产用玉器祭祀，以避免火灾，子产不许。第二年春天，宋、卫、陈、郑果然发生了火灾。裨灶说："不用吾言，郑又将火。"子产说："天道远，人道迩，非所及也，何以知之？灶焉知天道？是亦多言矣，岂不或信？"郑国没有用玉器祭祀祈禳，而郑"亦不复火"（《左传·昭公十八年》）。子产说的"天道远"即指星象的运行。虽然占星术有时偶尔言中，但郑"不复火"的事实也证伪了占星术。

春秋时期仍沿用卜筮以决疑，但"人谋"的理性因素增长了，卜筮的范围和可信度也就缩小了。如春秋后期，越国的范蠡说："天道皇皇，日月以为常，明者以为法，微者则是行。阳至而阴，阴至而阳；日困而还，月盈而匡。古之善用兵者，因天地之常，与之俱行。后则用阴，先则用阳；近则用柔，远则用刚。"（《国语·越语下》）

在这里，"天道"即指自然的规律，而其重要的内涵就是"阴阳"的此消彼长、相互转化、物极必反。在此意义上，"因天地之常，与之俱行"，就是用哲学思想来指导人事活动了。

2. 民为神之主

春秋时期的无神论思想主要体现在"人道"观念的演进中，民被视为"神之主"，对民的重视超过了对神的重视。《左传·桓公六年》记载，随国的季梁说："所谓道，忠于民而信于神也。上思利民，忠也；祝史正辞，信也……夫民，神之主也，是以圣王先成民而后致力于神。"季梁认为"上思利民，忠也"，也就是说，

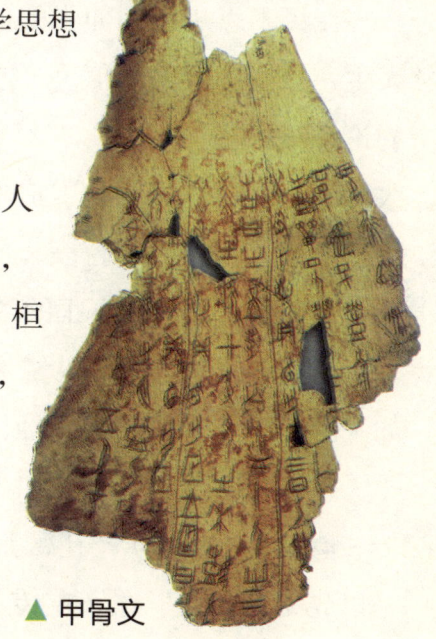
▲ 甲骨文

君主首先要忠于民。因为民是"神之主",所以圣王要"先成于民",而后致力于祭祀神。

与民为神主紧密联系在一起的是这一时期的民本思想,认为民之利就是君之利,民之利高于君之利。《左传·文公十三年》记载,邾文公要迁都于绎,卜问的结果是"利于民而不利于君"。其臣认为,如果不迁都,可以延长邾文公的寿命。邾文公却说:"苟利于民,孤之利也。天生民而树之君,以利之也。民既利矣,孤必与焉……命在养民。死之短长,时也。民苟利矣,迁也,吉莫如之!"君主的使命就是利民、养民,因此,只要于民有利,即便不符合君主的利益,君主也要积极地参与和推动。晋国的师旷也在《左传·襄公十四年》中表达了类似的说法:"天生民而立之君,使司牧之,勿使失性……天之爱民甚矣,岂其使一人肆于民上,以从其淫,而弃天地之性?必不然矣。"天意"爱民",天为民而立君。君的职责就是使民保持"天地之性",实现天心和民心的统一。

在民本思想得到伸张的同时,宗教观念被淡化,崇尚道德则成为人生、社会的最高价值。《左传·襄公二十四年》记载,鲁卿士叔孙豹论"三不朽",即:"太上有立德,其次有立功,其次有立言。虽久不废,此之谓不朽。"追求死而"不朽",在宗教观念中就是追求灵魂不死。而在叔孙豹看来,能为人类社会作出长久的贡献,"立德""立功"和"立言"才是真正的"不朽"。

与民本思想相联系,春秋时期对"礼"的反思也普遍受到重视。如《左传》所载:"礼,经国家、定社稷、序民人、利后嗣者也。"(《左传·隐公十一年》)"礼,国之干也;敬,礼之舆也。"(《左传·僖公十一年》)"礼,上下之纪、天地之经纬也,民之所以生也,是以先王尚之。"(《左传·昭公二十五年》)一般说来,"礼"包含着道德观念、行为规范和典章制度等含义。虽然它具有时代性的特点，但也表征着华夏文明的成果和社会的正常秩序。就"礼"具有道德观念和行为规范的意义而言，它与"德"相当。在"礼"与"德"之下，春秋时期又提出了"忠""信""仁""义""孝""智""勇"等德目。而最反映当时时代特点的是提出了"礼"与"仪"之分，如《左传·昭公五年》记载，鲁昭公出访晋国，"自郊劳至于赠贿，无失礼"。晋国的女叔齐却说："是仪也，不可谓礼。"在女叔齐看来，"礼，所以守其国、行其政令、无失其民者也"。而鲁昭公失德败国、公室四分、民心离散，他在外交上所做到的只是"屑屑焉习仪以亟"，而远非"善于礼"。女叔齐对"礼"作了"本末"之分，其内在的实质是"本"，而外在的仪节形式是"末"。这对于以后孔子将"仁"提升为"礼"的内在本质具有思想先导的意义。

春秋时期"天道"与"人道"观念的演进，形成了朴素唯物主义和无神论思想，为先秦诸子学说的兴起提供了思想基础。这一时期由于社会历史的变动，出现了"王官失守"，学术下移，大约在春秋中期产生了作为"四民"之首的"士"。"士"阶层后来逐渐成为诸子学说的社会载体。

先秦哲学的总结

先秦哲学可以划分为两个大的阶段，即中国哲学的酝酿期与奠基期。

以孔子为界限，前者主要反映在中国文化的早期经典如《诗》《书》《易》以及《左传》《国语》等文献所叙时代的思想成果中，后者则体现为春秋晚期至战国时代的百家争鸣。

酝酿期产生了一些哲学观念，如天、命、德、象、类、道、阴阳、五行等概念。这类概念被用来概括或解释范围广泛的事物，包括自然现象、人类行为或者社会问题，其通过归类思考或理解问题的方法，既是理性也是哲学思考方式的起点。同时，由于其指涉的内容包括非感觉经验中的对象，即蕴涵着形而上问题的起源，所以我们称它为哲学观念。但是，从《论语》开始的思想文献，不仅有各种各样的哲学观念，而且对这些观念进行了初步的论说，如围绕着"仁的"一系列说法。论说的形式是多种多样的，或从概念界定开始，对内涵作出规定，或说明事物的原因，提供论断或行为态度的理由，等等。哲学论说本身也有一个从单一向多样、从简单到复杂的发展过程。

百家争鸣的思想成就之所以不同于此前的时代，就在于它不仅有丰富的哲学观念，而且有丰富的哲学论说。它是真正的"哲学的突破"，所以被称为中国哲学的奠基期。

这个时代不同思想流派的出现与形成，既与各自的社会、政治立场有关，也与不同的思想或论说方式有关。司马谈《论六家之要指》把其概括为六家，《汉书·艺文志》则划分为十家。本书侧重关注与哲学相关的学派，论述了儒、道、墨、名、法、兵、阴阳诸家。表面上看，这些学派头绪纷繁，难以条贯。但概括而言，各家关怀也有共同的焦点，那就是天人关系。它源于西周宗天与敬德的思想，前者与早期宗教神学的形成相关，后者则提出对人的道德要求。对人的重视与天的观念发生了变化，但天人关系究竟如何，各派莫衷一是。各家的分歧正是依对这个主题的不同看法而形成的，或者由此而派生出不同的思考。天人问题在先秦哲学中统称的概念是"道"。依侧重点不同，也分天道、人道来表述。

儒、道、墨三家的天人观各具特色且自成系统，有些还经历了变化完善的过程。以儒家为例，首先是孔子，他承继春秋以来的人文思潮，敬鬼神而远之，其天命观把天理解为贯通且超越历史，从而推动人文发展的精神力量。其思想重点与成就在于阐述并通过教化推广以仁的观念为核心的人伦价值。孟子则把人的问题发展成为人性论，其性善说对情与性进行区分并建立对应关系，为道德人格的发展提供本体意义的根据，是以论辩的方式提出的道德哲学论说。《易传》则通过对《易经》的诠释，提出自己的天道观。它统合道与阴阳概念，提出一种宇宙发展模式及普遍的变化观点，不但明确赋予天道形而上的特性，同时表达了一种与道家贵柔守弱不同的刚健有为的精神取向。

从哲学的角度看，与天人之辨相关联的名辩思潮，是值得另提的思想史现象。名家如惠施、公孙龙固然是其中之翘楚，但名家只是在思想的技术层面钻研更精而已，这股思潮渗透在整个百家争鸣的进程之中。无论是前期孔子的"正名"，或《老子》的"无名"，中期孟子的心性之辨，或庄子的齐是非之辨，还是后期荀子、《墨辩》等对名相即概念关系的自觉辨析，都显示了一个事实，即从论说的标准看，先秦时代不只有哲学的种子，而且还有丰硕的哲学果实。名学的兴起与发展，本身就是对思想方式进行反思的产物，而反思就是思维哲学化的表现。

说先秦是中国哲学的奠基期，不仅指其时已经诞生了非常自觉的哲学观念或者哲学的思考或论说方式，而且是说这一时期出现的主要流派或论题，对其后的中国哲学甚至整个中国文化有持续、深入的影响。儒道两家是显而易见的例证。如果我们把中国思想传统按其理论形态分为先秦子学、两汉经学、魏晋玄学、隋唐佛学、宋明理学、清代朴学与近代新学，在先秦子学之后，除隋唐佛学外，其他各个时期的中国哲学都可以说是特定时期的思想人物对先秦儒道经典创造性诠释的结果。即使是隋唐佛学，其理论形态的确立也与对儒家、道家思想资源的吸收有着内在联系。当然，中国哲学的各个学派特别是以孔子为代表的儒家，影响并不限于纯粹哲学本身。

第二节　先秦时期的著名哲学家

■ 老子

老子（约公元前580—公元前500年），姓李，名耳，谥号聃，楚国人，曾做过周朝的史官，后来隐居。其思想见于《老子》五千言。老子是我国春秋末期的著名哲学家，道家学派的创始人。他创立的以"道"为本的哲学思想体系在中国哲学史上具有极其重要的地位和影响。它不仅影响到我国历史上唯心主义哲学的演变，而且还影响到唯物主义哲学的发展。

1."道"为本的哲学基本性质

"道"是老子哲学的最高范畴。"道"范畴的提出，标志着周初以来关于天道观讨论进一步深入和理论思维的发展。

老子哲学"道"范畴提出的目的是什么呢？综观《老子》全书，提出"道"这一最高范畴，主要是用以推论天地起源的，其天地生成公式是："道生一，一生二，二生三，三生万物。万物负阴而抱阳，冲气以为和。"（《老子》四十二章）他又说："天下万物生于有，有生于无。"可见"道"即是"无"。历代解经家也持这种看法。如北宋陈景元说："道者，虚之虚者也，无之无者也。"司马光说："道生一，自无人有。"因此，"道生一"也就是"无生一"，"无"是"道"

的同义语。

"道"的性质和作用又是什么呢？《老子》第一章说："道可道，非常道。"一开头就给人神秘感：即"道"是不可言说的，可以言说的"道"，也就不是我老子的"道"了。又说："有物混成，先天地生。寂兮寥兮，独立而不改，周行而不殆，可以为天下母。吾不知其名，字之曰道。"（《老子》二十五章）"道者，万物之奥（主）也。"都肯定"道"是先天地而生的东西，是产生天地万物的总根源。至于"道"是"无状之状，无物之象，是谓忽恍"，即无形无声，不可为人们所感知而又独立于人和整个物质世界之外的。尽管老子也说过"道之为物，惟恍惟惚"，似乎认为"道"含有某种物质属性，但就其思想的整体而言，老子的"道"即"无"是一个神秘的、不可感知的精神性绝对。

2. "反者道之动"的辩证法思想

老子在阐明"道"产生宇宙万物的同时，还指出"道"是在自己的运动变化过程中产生万物。所以"道"既是产生万事万物的根源，也是万事万物必须遵循的规律。老子看到事物运动变化得失盈亏都有其规律，进而考察事物的矛盾运动，天才地猜测到矛盾双方的互相依存与相互转化，提出了许多富有辩证法思想的命题。他说："天下皆知美之为美，斯恶矣；天下皆知善之为善，斯不善矣。故有无相生，难易相成，长短相形，高下相倾，音声相和，前后相随。"（《老子》二章）"故贵必以贱为本，高必以下为基。"（《老子》三十九章）就是说，善恶、美丑、有无、难易、长短、高下、前后、贵贱等对立的双方，都是互为存在条件的。

▲ 老子像

老子在承认矛盾双方互为存在条件的前提下，指出矛盾双方在相互对立中发挥作用："辐同一毂，当其无，有车之用也。埏埴以为器，当其无，有器之用也。凿户牖以为室，当其无，有室之用也。故有之以为利，无之以为用。"（《老子》十一章）意思是说30根辐条的车轮、揉粘土制成的器皿、开凿门窗的房屋，都因为中间有空间，才起到车轮、器皿、房屋的作用。所以一个东西的实用部分可以有它的功效，空虚的部分也可以发挥它的作用。而且，"有"之所以能发挥效果，正是依赖于"无"所起的作用。

老子认为，万物运动发展以"道"出发，经过各自的发展历程，最后复归于"道"。他说："致虚极，守静笃。万物并作，吾以观复。夫物芸芸，各复归其根。归根曰静，是曰复命。"（《老子》十六章）老子看到任何事物蓬勃发展，最终必然归于灭亡。只要我们守住心的清明状态，冷静观察，都可看到万物从"道"出发复归于"道"。他将这一思想应用于社会历史领域，使他认为人类应返归纯朴的自然状态，从而形成其复古主张。

不仅万物的运动向"道"复归，而且"道"自身也处于永恒地向出发点复归的运动中。他说："有物混成，先天地生。寂兮寥兮，独立不改，周行而不殆，可以为天下母。吾不知其名，字之曰道，强为之名曰大。大曰逝，逝曰远，远曰反。"（《老子》二十五章）"道"处于永不停息的循环运动中；"道"的另一称呼是"大"，即广大无边，广大无边就周流不息，周流不息就伸展遥远，而伸展遥远的结局是向起点返回。老子虽然看到了"道"是自身的运动，无需外力推动，这是他对辩证法运动学说的贡献，可是，其最大缺陷则是把道视为一种循环的运动，这就又否定了发展，陷入了形而上学和循环论。

老子继承和发扬了春秋以前的丰富的朴素辩证法思想，从而成为我国古代最有影响的辩证法思想家之一。

3. "静观""玄览"的认识论

老子是可知论者,他常提到"闻道者""善为道者""有道者",等等。他认为人们有认识"道"的能力,"道"也是可以被认识和运用的。因此,他要求人们应善于掌握规律,按规律行事,切忌任意妄为,否则会受到规律的报复:"夫物芸芸,各复归其根。归根曰静,是曰复命。复命曰常,知常曰明。不知常,妄作,凶。"(《老子》十六章)万物都要复归本性是一种客观规律"常",知"常"就是明智的,否则盲目行动,就会有不祥的结局。

与此相联系的是老子提出了他认识论的中心命题:"为学日益,为道日损。"(《老子》四十八章)即求得的具体知识越多,对"道"、对客观规律的把握就越少。为了得"道",他要求人们"致虚极,守静笃,万物并作,吾以观复"。即人们在认识时,应使自己的心灵极度空虚,不存一点固有成见;还须达到沉着冷静的境界,只有二者兼备,才能客观地、正确地认识事物真相。他把处于这样一种心灵状态称为"玄览",即心地如宽广的镜子。故在认识前要"涤除玄览",使心灵达到虚静。心虚则无物不容,心静才能察知万物,最终达到对"道"的同一,即"玄同"。老子的这种"虚静"认识方法是有其合理因素的,对后来的认识论思想有很大影响,但他完全忽略社会实践的作用,则是片面和错误的。

4. "道"是社会生活的准则

老子哲学对"道"的探讨,其出发点和归宿是社会和人生。老子生活在奴隶制向封建制急剧转变的时代,看到社会和人生存在的种种问题,作为一个思想家,他希望寻找到解决这些问题的出路。但是他不从社会和人生领域去寻求答案,而是将触角伸展到宇宙领域,以便从中引出解决社会和人生各种问题的准则。这就使其思想具有较强的思辨性，高于同时代的思想家。在他看来，"道"并不神秘，它与日常生活息息相关，因此，人们只要按"道"的准则去治世和生活，就能立于不败之地。

孟子

孟子（约公元前372—公元前289年），名轲，鲁国贵族孟孙氏的后裔，受业于孔子之孙子思的门下。孟子思想的主导方面是为封建制服务的，是新兴地主阶级保守派的思想代表。孟子的一生致力于对孔子的思想改造，发展了孔子的思想，使儒家思想理论化、系统化，形成了完整的为新兴地主阶级服务的思想体系。但因他的学说太倾向保守，被当时的人们认为"迂远而阔于事情"，所以没有得到各国当权者的支持，没有实行。

1. 孟子的性善论

春秋战国时期是我国思想史上的百家争鸣时期，人性问题成为争鸣的问题之一。孔子提出"性相近，习相远"的命题，开其人性学说的先河。继孔子之后孟子发挥了这一思想，对人性善恶问题提出了自己的新观点，标志着人们对人性问题的认识的深化。

孟子的性善论内容丰富，自成体系。他继承孔子的思想，认为口耳目等感官欲求不是人之本质属性，只有理义才是为人之本性，赋予人性以道德属性。孟子认为人之

▲ 孟子

仁义礼智本性为善性，而人性之所以是善的，是因为人生来就固有的"善端"，即有一种先验的善的萌芽和发端的因素，这就是所谓"恻隐之心""羞恶之心""恭敬之心"（或"辞让之心"）"是非之心"，总称为"四心"。此"四心"正是仁、义、礼、智"四德"的发端之根，也是人区别于禽兽的特点。把"四心"发展扩充起来就形成"四德"。

在孟子看来，仁、义、礼、智，这四德是调整现实人际关系的道德规范和行为准则，如他所说："仁之实，事亲是也；义之实，从兄是也；智之实，知斯二者弗去是也；礼之实，节文斯二者是也。"（《离娄上》）又说："仁之于父子也，义之于君臣也，礼之于宾主也，智之于贤者也。"（《尽心下》）这说明，仁、义、礼、智是用以调节父子、君臣、兄弟、宾主、贤与不肖等之间的关系，具有外在的道德规范、准则的限制及制约作用。他从抽象的人性出发，引出仁、义、礼、智等道德体系，目的是要从人的"善性"来证明宗法道德的合理性，为新兴的地主阶级服务。

在道德的追求上，孟子追求的是"善"，这种"善"是通过仁、义、礼、智表现出来的。孟子认为凡符合仁、义、礼、智的言论称之为"善言，"以仁、义、礼、智待人接物，乐闻善言而治好政事谓之"善人""善士"。这样"善"就成了仁、义、礼、智的概括和总结。只有不断坚定对善的道德认识即"明乎善"，才能加强道德修养即"诚其身"，进而协调人际关系而"悦于亲""信于友""获于上"，最终达到"治民"（《离娄上》）即统治天下百姓的目的，从而达到善的道德境界。

2."尽心、知性、知天"的认识论

在中国哲学史上，孟子第一个把心、性、天当作一个整体来看待，把儒家哲学伦理化倾向向前推进了一步，建立了"尽心、知性、知天"的认识论体系。所谓"尽心"，就是尽自己的最大努力，发挥心官能思的性能,去发现和扩充内心固有的"恻隐之心,羞恶之心,辞让之心,是非之心"。所谓"知性",就是要理解人的本质特征,靠内省去完成自我认识,即通过扩充心中的"善端",使人的本性得以显示出来。对恻隐之心的自觉,见性之"仁";对羞恶之心的自觉,见性之"义"。所谓"知天",就是要人们懂得天命。天不仅能决定人的命运,还有仁、义、礼、智等道德属性。人们通过内心"善端"的自觉和扩大,来懂得体现"天"的道德属性的人的本性,从而也就通过"知性"而懂得"天命"了。总之,认识不是从物到感觉和思想,而是开始于对自己内心和本性的探索,最后达到"知天"的目的。"知天"是人生的最高境界,也是认识的完成。孟子的认识论先从扩充人的善心开始到认识人的本性,再到认识天,心、性、天合一,给天以道德的属性。

3. "保民而王"的仁政学说

孟子从性善论出发,在政治上提出了"仁政"学说。在孟子的思想中,"四端"和"四德"都不是平列的,"恻隐之心",也就是他所说的"不忍人之心"是"四端"之首,也是"四端"的根本;"仁"为"四德"之首,亦为"四德"之根本。既然人人都有"四心"即"四端",凡能保持并加以扩充发展的,就皆可以为尧舜,足可以安定天下;而这个扩充发展的过程,一方面是使善由小到大、从观念到行动的过程,另一方面也是道德伦理原则推广到政治原则的过程。正如他所说:"人皆有不忍人之心。先王有不忍人之心,斯有不忍人之政矣。以不忍人之心,行不忍人之政,治天下可运之掌上。"(《公孙丑上》)就是以性善论来论证"仁政"论的必然性和合理性。"仁政"学说体现了新兴地主阶级在反对旧制度时与人民群众有共同利益的一面,这一学说在中国思想史上占有重要地位。

"仁政"学说的立足点是"制民之产",即给老百姓以私有财产,孟子称为"恒产"。"恒产"的标准是"八口之家""百亩之田""五亩之宅"。孟子认为老百姓有了这个标准的私有财产，就可以"仰足以事父母，俯足以畜妻子，乐岁终身饱，凶年免于死亡"（《梁惠王上》）。也只有在此基础上，才能"谨庠序之教，申之以孝悌之义"，即对百姓进行道德教育，使他们接受，并得到他们的支持、拥护，从而统一天下。

"仁政"学说的中心思想是"民为贵"。表现了孟子重民的思想倾向。他说："民为贵，社稷次之，君为轻。"即是说人民最为重要，国家权力是次要的，国君最轻。孟子把重民放在首位，并告诫统治者要重民，这一思想无疑具有积极意义。"民为贵"的思想在整个封建社会起过非常积极的作用。

在如何实现国家统一问题上，孟子主张以德服人，用仁政的办法实现统一，并称为"天道"。孟子认为："以力假仁者霸""以德行仁者王""国君好仁，天下无敌"的原因在于"得民心"。孟子批判了"霸"道，赞扬了"仁"道。"霸"道即以力服人，"仁"道则以德服人。

总之，孟子的"仁政"学说对于推动生产力的发展，巩固新的封建生产关系，起过一定的推动作用，但其思想也有保守的一面。

荀子

荀子名况，又称"荀卿"。"卿"一说是他的字，一说是当时人对他的尊称。他是战国末期赵国人，生卒年不详，活动年代大约在公元前313—公元前238年之间。荀子是先秦著名思想家，儒家重要代表人物之一，在当时以及汉代享有很高的威望。在中国历史上产生重大影响的李斯、韩非，都是他的学生。

战国末期，诸子各派的思想学说都已出现。荀子在继承前期儒家学说的基础上，又吸取了道、法、名、墨诸家思想的积极合理成分，建立起自己的思想体系，所以他的思想非常丰富。他不但是先秦儒家的总结者，也是战国时期百家争鸣的总结者。荀子的思想和学说保存在《荀子》一书中。其代表性观点主要有：

1. 性恶与化性起伪

在人性论方面，荀子提出了与孟子"性善"论截然相反的"性恶"论的观点。

荀子说，人的天性是恶的，因为人有饿了想吃饱、冷了想取暖、累了想休息的生存需求，和眼睛爱看美色、耳朵爱听音乐、嘴巴爱吃美味、内心爱好财物、身体喜欢舒适安逸的生理本能。或者说，荀子以为人天性是趋利避害、好逸恶劳的。这就是其性恶论的依据。荀子认为，对于社会中的人来说，如果一味由着自己的本性做事情的话，就必然会产生争夺、残杀、淫乱等暴行，这就是恶。

既然人性本恶，那么善是从哪里来的呢？荀子认为善来自于"伪"，是通过礼义教化后天养成的。因此荀子主张"化性起伪"，即变化人的本性，建设人为的礼义法度等。"化性起伪"的基点是承认人性是可变的，人在实际上是善是恶，取决于他所处的后天环境和主观的努力。不论是圣人还是普通人，先天本性并无差别，差别只在于后天，人只要积极从事于伦理道德的实践，就能由恶转化为善，使先天本性与后天人为统一起来。

荀子的性恶论与孟子的性善论针锋相对，但他们都承认"人人都可以成为圣人"，从其价值导向都是劝人为善来说，二者并

▲ 荀子

无差别。他们又都强调礼义教化的重要意义，主张通过礼义教化来教育感化民众，从这一点来说，他们又是一致的。

2. 礼乐教化

荀子重视后天学习和教育的重要，这实际是他"化性起伪"人性论的逻辑延伸。

与古希腊人把追求健美、爱好体育、强调个性作为培养理想人格的途径不同，荀子抓住了礼乐。

首先是强调礼，因为有礼才有道德。荀子认为，人生来就有欲望，为了满足欲望，就会发生争夺混乱，乱的结果就是贫穷与落后。为了避免这种局面，统治者只有借助礼制定名分，让大家按照贵贱等级、长幼秩序，做自己该做的工作，拿自己该拿的财物，才能调节、满足人们的欲望，保持天下太平。但制定礼又不仅仅是为了用来调节与满足人们的物质欲望，更是为了用来确立社会等级制度。它规定的各种道德规范和礼节仪式等等都有利于等级制度的确立与巩固，所以它是治国的根本，关系到国家的安危存亡，因此统治者必须重视实行礼。跟孔子思想以"仁"为核心、孟子思想主要强调"义"不同，荀子则更加重视"礼"。

除了"礼"，荀子也强调乐，认为音乐也是道德教育的工具。《荀子》中也专门有一篇《乐论》，其中讲到，音乐就是欢乐，而要求欢乐是人的情感所不可避免的，所以人不能离开音乐。教化不仅是指用礼义来制约规范，还包括音乐的熏陶疏导。音乐具有发扬善和去除恶的作用，可以使人的内心情感自然而然地与德性相配合，当人的心灵陶醉于以善为内容的音乐之中时，就既是情感的愉悦，又是德性的陶冶。推广音乐，会使人们的志向变得高洁，感情温和平静。改变风俗，天下安宁，没有什么比音乐更好的了。

总之，音乐，是人情化的调和性艺术，是协调人情不可替换的手段，主要涉及人的情感方式；礼制，是一种规范性文化，是治理社会不可更换的原则，主要涉及人的行为方式。音乐使人们同心同德，礼制使人们区别出等级的差异；礼制和音乐可以总管人们的思想，培养出理想的人格。礼乐的交互作用，成了实现更高社会理想与价值的动力。

■ 庄子

庄子（约公元前369—公元前286年），姓庄，名周，宋国人。他的朋友不多，门徒有限，当时学术界的名人中只有惠施同他经常往来，进行辩论。他曾做过管理漆树种植园的小官，不过没有做多久就辞官隐居了。

庄子的学术思想比较完整地保存在《庄子》一书中，包括内篇7篇、外篇15篇和杂篇11篇。一般认为内篇为庄子所著，外篇、杂篇可能掺入了其弟子与后学的思想。《庄子》一书富于形象思维，有很强烈的浪漫主义色彩，常假托故事人物，用神话、寓言来阐述道理和主张。写出来的就像家常话那样好懂，他习惯用胡话、反话来表达自己的思想，初看起来好像很荒诞，细想却有它的道理。

概括起来，庄子的哲学思想主要包括以下几个方面：

1. 道在屎溺

在中国哲学史上，老子最早提出了"道"这一哲学概念。庄子继承了老子的思想并有所发挥。

庄子和老子一样，认为世界万物是由道产生的。

同时，庄子又讲"道在物中"，道其实并不是存在于事物之外的，而是就存在于事物之中，这是老子不曾阐述的思想。当时有个叫东郭子的人问庄子，你经常说的道在什么地方？庄子的回答是"没有道不在的地方"。东郭子又接着一再追问，道究竟在哪里？庄子就回答说"在蝼蛄与蚂蚁的身上"，"在小米与稗子里面"，"在瓦片与砖块之中"，"在大小便里"（"大小便"即"屎溺"）。这就是著名的"道在屎溺"的命题。庄子这一似乎越来越不对的回答却有他的道理，他认为，道没有什么神秘的，只有把道说得低下些，才能显出道的无所不在。同时，道与物之间又是没有界限的，"道"不能离开具体的"物"独立存在，道与物之间是一种共生共存的关系。

2. 万物一齐

世界上的万事万物都是有区别的，对一般人来说，这是常识。鲲鹏与小鸟相比，它们形体不同，飞翔的高低、远近也不同，人有胖有瘦，树木有大有小。但这只是低层次的看法，这些看法往往是由人的主观所决定的。如果站在道的高度来看世界，就可以发现一切事物的区别都是不存在的，这也就是庄子说的"万物一齐"。《庄子》一书中有《齐物论》篇专门阐述这个观点。

庄子认为，要懂得"万物一齐"，必须根据"道"的观点来看事物，不能用物来观察物。否则就好像井底之蛙，只看见一小块天，就以为天只有那么大。

要做到万物一齐，首先必须做到"齐物我"。所谓"齐物我"，即"天地与我并生，而万物与我为一"。意思是，人也是物，人和天地万物一样同生于道也同归于道，它们之间是齐一的。人的最高境界就是忘掉功名利禄等外在的物，也忘掉自我，才能和天地精神往来，进入没有矛盾和差别的境界。

既然万物是一齐的，物我是一齐的，那么此生的我和死去的我也是一齐的，这就是"齐生死"。"生"与"死"在庄子这里，只不过是自然支配下的两种相对的状态。生与死之间，只不过是自然的状态转换而已。既然生是一种状态，死也是一种状态，从道的观点来看，两者并无本质差别。

3. 逍遥游

"道"是庄子哲学思想的核心，"万物一齐"是庄子认识世界的根本方法，"逍遥游"则体现了庄子的自由观，是庄子学说的最高理想。所谓"逍遥"是指一种自由自在、悠然自得、没有任何束缚的精神状态。"游"指的是精神活动，精神漫游。"逍遥游"是指人的精神在无限的时空中自由自在地往来，同"道"、天地自然进行交游。在这样的精神活动中，人与自然融为一体，达到与"道"的统一，从而获得绝对的精神自由。

庄子心中的自由是绝对的，不依赖于任何条件的，也就是"无待"的。庄子认为，现实生活中的人都是不自由的，原因就在于他们都"有所待"。所谓"有待"，就是指需要依靠外界事物，是指人的愿望、要求的实现要受到自然和社会条件的限制；所谓"无待"，就是摆脱对现实的依赖，人的思想、行为不受任何条件的限制。摆脱"有待"，达到"无待"，才能实现自由，即获得逍遥游，逍遥游也就是无待的自由境界。

怎样才能摆脱有待，达到无待呢？那就要排除一切外界干扰，做到"无功""无名""无己"。

"无功""无名"指摆脱功名的束缚。所谓功名，包括富贵、权势、名利、金钱、地位等等，其性质是与人相对的"物"。

▲ 庄周梦蝶

所谓"无己"就是忘掉自我。不但要忘掉自己的肉体，甚至忘掉一切认识活动，即忘掉人与物，人与人之间的一切差别、界限，那就能达到与天地万物浑然一体、与道融合为一的神秘精神境界，才能在这种神秘的精神境界中获得绝对的精神自由。

庄子的自由观对后代中国知识分子追求逍遥的人生境界产生了重大的影响。

孙子

春秋战国时期，诸侯之间不断爆发战争。在战争中涌现了一批研究军事理论、从事军事活动的学者，他们总结军事方面的经验教训，研究取胜的规律，并把自己的军事思想编著成兵书。这一类学者，称为兵家。孙子和《孙子兵法》就是先秦兵家的代表人物和代表著作。

孙子姓孙名武，齐国人，生卒年月不详，是春秋后期著名的军事家，后人尊崇为"兵圣"。

孙武所著的"兵法十三篇"即《孙子兵法》，简称《孙子》，是中国古代最伟大的兵书，也是现存中国乃至全世界最早的一部有系统的兵书，它由孙子草创，后又经其门弟子加以整理，在战国末期和汉初已经非常流行。

现代研究者一般认为孙子的军事哲学思想是建立在朴素唯物主义的辩证法思想基础之上的，主要表现在以下两个方面：

1. 能动的唯物论

孙子不相信鬼神，强调战争的胜负不取决于鬼神，而是与政治清明、经济发展、外交努力、军事实力、自然条件等因素有联系。这些关系到战争胜败的因素，无论是政治、自然还是人与经济，都是随时随地客观地存在于战争双方的东西。除此之外，其他的诸如鬼神等因素都是不可信的。这就体现了他朴素的唯物论观点。

从上述唯物主义的立场出发，孙子强调尊重客观事实，主张从客观实际出发来确定相应的作战原则。要尊重客观事实，首先就要了解客观事实，要清楚敌我情况。他有一句名言："知彼知己，百战不殆。"意思是清楚敌人的实力和了解自己的实力，战斗就不会失败。

孙子在强调尊重客观事实的同时，又重视人事，强调发挥人的主观能动性。孙子认为胜利是可以争取的，在争取胜利时，主观因素是重要方面。因为任何战争都要在人的主观指导下进行，主观因素如果发挥不当，战争就难以避免失败的命运。在战争中使用计谋就是人的主观能动性的一个表现，也就是人们常说的"兵不厌诈"。"诈"是欺骗的意思，"兵不厌诈"指作战时尽可能地用假象迷惑敌人以取得胜利。如强而装作弱，能攻而装作不能攻，要打而装作不要打，要向近处而装作要向远处，要向远处而装作要向近处，等等。

2. 朴素的辩证法

孙子认为，在战争中要有全面综合的、有机联系的认识，还要以变化及转化的眼光看问题。《孙子兵法》全书处处体现出朴素的辩证法精神。

孙子认为，打仗要想取胜，首先要全面地了解战争与其他事物间的关系。他认为，军事上有五个范畴，一是敌对双方所占有的土地的大小，二是物资资源的多少，三是士兵的多少，四是军事力量的对比，五是战争的胜利。这五个范畴层层相关、环环相扣。在这里，我们可以看出孙子并不是把战争看成是一种简单的敌对双方之

▲ 孙子像

间的交战行为，而是把它看成一种综合因素之间的角力。孙子完全是从一种综合的角度来考察作战条件的，而这恰恰是进行科学决策的基本前提。在《九变》篇中孙子提出了著名的"知（智）者之虑，必杂于利害"的论断，认为明智的将帅考虑问题，总是兼顾到利和害两个方面，在不利情况下考虑到有利的方面，便能提高信心；在有利情况下考虑到不利的方面，就可以避免祸患。强调要从正反两个方面来观察和思考问题，要全面而不要片面地思考问题。

孙子又认为自然界的万事万物都处于永不停息的发展变化之中，体现出其朴素辩证的发展观。孙子认为用兵的规律就像自然现象一样，"四季依次交替，白天有短有长，月亮有缺有圆，永远处于变化之中"。孙子以兵和水相比较来说明作战的变化，战争就像流动的水，时刻处于动态之中，水没有固定的形态，水流因地形而变化，战争也没有固定的格局，随时都处于变化之中。

既然战局在不断变化着，孙子认为，将帅就必须善于应变，作战方式根据战争的变化而变化，才能促使战争向有利于己、不利于敌的方向转化。孙子特别强调战术的灵活性，亦即"奇正相生"。"奇正"是《孙子兵法》中的一对最基本的范畴，所谓"正"是正面对阵的常规战术，"奇"是出其不意地袭击敌人的灵活战术。孙子认为作战中正兵和奇兵必须互相配合，通常是用正兵正面对付敌人，用奇兵取得胜利。但奇正之间要不断变化，对待不同的敌人要采取不同的对策，遇到不同的地形要采取不同的作战措施，敌我双方兵力对比不同要采取不同的作战方式，敌情发生变化要随时修改作战计划。总之，要根据不同的时间、地点、作战对象灵活地选择不同的作战对策，采取"出奇兵"或"出正兵"的不同的打法。而且奇正之间的这种转化不是孤立的、一次性的，而是像圆环一样，是无穷无尽的。孙子的这些主张无不包含着丰富的辩证因素。

　　总之，取得战争胜利的要诀就是变自己的劣势为优势，变敌人的优势为劣势。孙子的这种矛盾双方辩证转化的思想，对于以弱敌强、以少敌多、以小敌大的国家和军队，无疑是一件锐利的思想武器，有着重要的指导意义。

邹衍

　　邹衍（约公元前305—公元前240年），战国末期齐国人。邹衍曾讲学于齐稷下学宫。邹衍之术，迂大而闳辩，所谈都是天地广大、五德终始之事，齐人称为"谈天衍"。邹衍在齐国很有声望，后来游历魏、赵、燕等国，也受到各国当政者的礼遇。

　　《汉志》著录《邹子》四十九篇、《邹子终始》五十六篇，惜皆不传。但是，《史记》和《吕氏春秋》中记载了他的"大小九州"说。

1."大小九州"说

　　"儒者所谓中国者，于天下乃八十一分居其一分耳。中国名曰赤县神州。赤县神州内自有九州，禹之序九州是也，不得为州数。中国外如赤县神州者九，乃所谓九州也。于是有裨海环之，人民禽兽莫能相通者，如一区中者，乃为一州。如此者九，乃有大瀛海环其外，天地之际焉"（《史记·孟子荀卿列传》）。邹衍认为，儒家所谓"中国"，只是天下八十一分之一。中国叫赤县神州，其中有九州，是大禹所划分的九州，这是"小九州"。像赤县神州这样大的地方有九个，被"裨海"包围着，州与州之间，人民禽兽不能相通，这叫"大九州"。像"大九州"这样的地方间又有九个，这才是"天地之际焉"。

　　邹衍的大小九州说一出现，就引起了轰动，"王公大人初见其术，惧然顾化"（同上），"此言诡异，闻者惊骇"（《论衡·谈天》）。

但是，这一理论也包含着对物质世界无限性的许多合理的认识和推测，他所说的"稗海"和"大瀛海"可以看做是对四大洋的猜测，他所说的大九州，实际上是对宇宙无限性的推想。就认识方法来说，这一理论也有合理的思想因素。正如司马迁所说，他在阐述大小九州理论时，"先列中国名山大川、通谷禽兽、水土所殖、物类所珍，因而推之及海外，人之所不能睹""其语闳大不经，必先验小物，

▲ 邹衍像

推而大之，至于无垠"（《史记·孟子荀卿列传》）。从经验开始，由内推到外，由小推到大，由有限推到无限。这就打破了传统的"中国即天下"的狭隘认识，为当时的人们展现了一个无限广阔的世界。

2."五德终始"说

邹衍对于历史的看法，仍然是采用类比推理的方法，由近推到远，由今推到古。"先序今以上至黄帝，学者所共术，大并世盛衰，因载其禨祥度制，推而远之，至天地未生，窈冥不可考而原也"（同上）。由当今推至黄帝，再由黄帝推至自然界和人类社会的前史，以此考察历代之盛衰、国家之治乱，力图揭示社会变化和发展的规律。在这一过程中，他使用的基本理论就是以阴阳五行为核心的"五德终始"（或称"五德转移"）说。

在阴阳五行家那里，阴阳是存在于宇宙万物中的互斥互补、相反相成的两个方面。"五行"（水、火、木、金、土）是五种性质不同的动态的相互作用的力量、法则或动因。"五德终始"说认为，每一

朝代都有一德主运，历史是按照五行（或五德）相胜的规律更替的。《吕氏春秋》保留了五德终始说的一段相对完整的资料，虽没有明说是邹衍所论，但大体上反映了他与阴阳五行家的思想。

凡帝王者之将兴也，天必先见祥乎下民。黄帝之时，天先见大螾大蝼。黄帝曰："土气胜。"土气胜，故其色尚黄，其事则土。及禹之时，天先见草木秋冬不杀。禹曰："木气胜。"木气胜，故其色尚青，其事则木。及汤之时，天先见金刃生于水。汤曰："金气胜。"金气胜，故其色尚白，其事则金。及文王之时，天先见火赤乌衔丹书，集于周社。文王曰："火气胜。"火气胜，故其色尚赤，其事则火。代火者必将水，天且先见水气胜。水气胜，故其色尚黑，其事则水。（《吕氏春秋·应同》）

邹衍的五德始终说受到了当时自然科学，特别是天文历法学的影响。正如《史记·天官书》所说："天则有日月，地则有阴阳。天有五星，地有五行。"天文学对星象的观察，历法学对建正、立闰的设置，都同五行生胜、周而复始的规律紧密联系在一起。邹衍把这种说明自然界运动变化的理论运用于解释社会现象，认为历史的变化也与自然界一样，受到土木金火水五种原则和力量的支配。

此外，儒家思想对邹衍也产生了很大的影响。邹衍目睹各诸侯国当政者日益淫侈，不能尚德，不能"整之于身，施及黎庶"，于是"深观阴阳消息"（即自然人事的各种力量正反消长的变化），"而作怪迂之变，终始大圣之篇"，"然要其归，必止乎仁义节俭，君臣上下六亲之施始也滥（滥觞）耳"（《史记·孟子荀卿列传》）。即是说，五德的理论依据是阴阳四时的变化和五行万物的相生相克，其思想旨归则是仁、义、礼等儒家思想。"五德终始"之说同儒家的道德五行学说具有密切的渊源关系。

第三节　先秦时期的著名哲学作品

■ 《易经》的阴阳与卦象

《周易》包括《易经》和《易传》两部分。相传伏羲作八卦，文王和他的儿子周公推演出六十四卦的卦辞和爻辞，这被称为《易经》。相传为孔子所作的"十翼"被称为《易传》。从《易经》卦辞和爻辞所记载的史事来看，其时间大致在文王时期。有两则史事发生在文王以后，但也不迟于西周初年。《易传·系辞下》说："易之兴也，其当殷之末世，周之圣德邪？当文王与纣之事邪？"这一推断大致可信。

《周易》的"易"字，有"易简""变易"和"不易"三种含义。"易简"是相对于龟卜而言，用龟壳占卜需要对龟骨进行整治、钻凿、烧灼和辨认兆纹等复杂程序，《易经》的卜筮则只需要55根蓍草就可以完成。"变易"应是"易"概念的主要含义，《易经》就是一部讲"变易"的书。因为"变中有常"，此常道或规律就是"不易"。

"阴"（--）与"阳"（—）是《易经》的基本符号，所以，《庄子》说："易以道阴阳。""阴"（--）与"阳"（—），应源于对天地万物的抽象和模拟，正如《易传·系辞下》所说："易者，象也。象也者，像也。"因此，"阴"（--）与"阳"（—）是对宇宙间具有对立统一关系的两种不同事物和属性的反映，如男与女、刚与柔、强与弱、上与下、左与右、黑与白、雄与雌、寒与暑，等等。高亨说："阴阳两爻的创造反映了古人认识到宇宙事物的阴阳两性矛盾对立的现象，这是古人对宇宙事物的初步分析，也是他们的辩证观点的初步体现。"

"阴"（－－）与"阳"（—）每三个一组进行组合，便形成了八卦，即"乾""坤""震""巽""坎""离""艮""兑"。八卦反映了物质世界中八种不同性质的事物，即天、地、雷、风、水、火、山、泽，也是构成世界的八种物质。因此，阴阳符号及由此构成的八卦是我们的祖先对宇宙人生进行形上思考的最早尝试。对此《易传·系辞》曾有较为明确的论述：

"古者包牺氏之王天下也，仰则观象于天，俯则观法于地，观鸟兽之文与地之宜，近取诸身，远取诸物，于是始作八卦，以通神明之德，以类万物之情。

"仰以观于天文，俯以察于地理，是故知幽明之故。原始反终，故知死生之说。

"圣人有以见天下之赜，而拟诸其形容，象其物宜，是故谓之象。圣人有以见天下之动，而观其会通，以行其典礼，系辞焉以断其吉凶，是故谓之爻。

"圣人立象以尽意，设卦以尽情伪，系辞焉以尽其言，变而通之以尽利，鼓之舞之以尽神。

"是故天生神物，圣人则之。天地变化，圣人效之。天垂象，见吉凶，圣

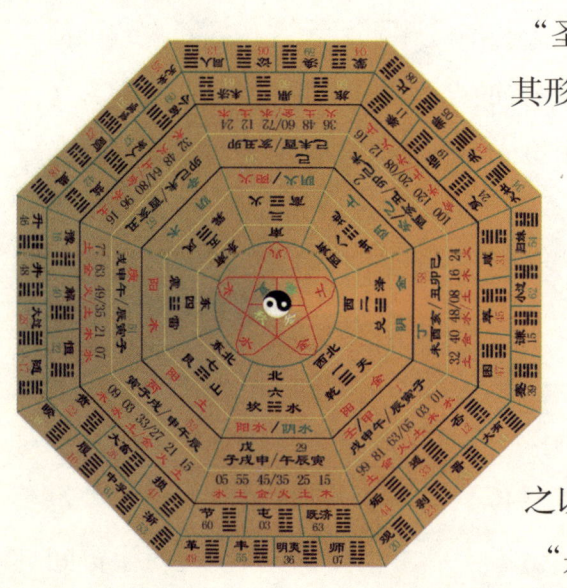

▲ 太极八卦图

人象之。"

八卦每两个一组进行组合，就构成了六十四卦。《易经》六十四卦其实是对发生在自然与社会中的六十四类不同事物和现象的认识和把握。它既关注事物内部与事物之间两个方面的差异和对立，又强调二者的统一和转化。譬如，乾与坤、泰与否、益与损、既济与未济等，既互相对立又互相统一。乾可以转化为坤，坤也可以转化为乾；泰可以转化为否，否也可以转化为泰；益可以转化为损，损也可以转化为益；既济可以转化为未济，未济也可以转化为既济。六十四卦前后两个卦之间"二二相偶""非覆即变"。"覆"是相邻两卦的卦象上下颠倒，"变"是相邻两卦的六爻完全相反。在这种"二二相偶""非覆即变"的卦序中，包含着对立的事物可以相互转化的思想。

可见，无论是构成《易经》的基本要素"阴"（— —）与"阳"（—）两种符号，还是由"阴"（— —）与"阳"（—）符号每三个重叠而生成的八卦以及由此进一步形成的六十四卦，都是对客观存在着的物象的概括和反映。《易经》就其本质来讲，是我们的祖先对他们的生存方式和实践经验的记录和总结，是先民对古代世界的整体认知和直观把握，是中国人认识和把握世界的第一个朴素唯物主义的思想模式。学习《易经》，就是要把握事物发展的变化规律，以服务于人类认识和改造世界的活动。

■《易传》的哲学思想

《周易》一书包括《易经》和《易传》两部分。《易传》是对《易经》的解释和发挥，共有十篇，古称《十翼》。它们是：《彖传》上、下，《象传》上、下，《系辞》上、下，《文言》，《说卦》，《序卦》，《杂卦》。

按传统说法，《易传》是孔子所作，但是，经过宋代以来、特别是经过近代学者的考证，《易传》既非出于一人之手，也非一时写成的，它基本上是战国中期至秦汉之际的儒家后学陆续写成的一部研究《易》学的合集。

《易经》形成于殷周之际，从《易经》到《易传》，大约经历了七八百年。在这期间，中国已从奴隶占有制社会进入了封建制社会。时代不同了，人们的抽象思维水平也大大提高了，两书形式上虽有联系，但内容已有本质区别，就总体上来说，《易经》是以宗教信仰为特征、以适应占筮需要而形成的一部神学著作；《易传》是以理性思维为特征、以探讨万物本原和世界运动一般规律为主旨的哲学著作。

1. 唯心主义的思辨体系

《易传》的宇宙观纷然杂陈，但从《易传》的整体来看，客观唯心主义是其主要倾向。

《易传》的唯心主义倾向首先表现在其对"道"与"器"的看法上。《系辞上》说："形而上者谓之道，形而下者谓之器。化而裁之谓之变，推而行之谓之通，举而措之天下之民，谓之事业。"这里，《易传》明确认为，"道"是无形体的，是超越于形体之上的；万物（"器"）是有形体的，是从"道"产生出来的。这就是说，先有一般的"道"，然后才有具体的"器"。"道"是万物的本原，是第一性的，"器"是"道"派生的，是第二性的。《易传》还认为，"道"

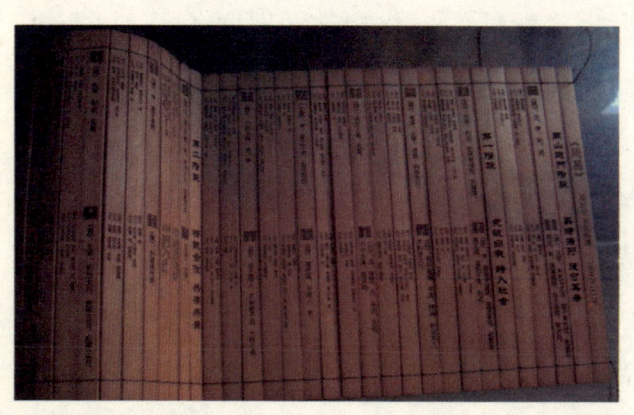
▲ 竹简《周易》

不仅产生（裁成）万物，而且推动万物的运动变化，当圣人把这一道理用来统治人民时，便能成就一切事业，这种"道"，显然是客观唯心主义本体。

《易传》的客观唯心主义的另一个表现是"观象制器"的思想。《易传》在阐发"观物取象"的同时，又提出一套"观象制器"的理论。它说："斫木为耜，揉木为耒，耒耜之利以教天下，盖取诸'益'。""刳木为舟，剡木为楫，舟楫之利以济不通，致远以利天下，盖取诸'涣'。""断木为杵，掘地为臼，臼杵之利，万民以济，盖取诸'小过'。""上古穴居而野处，后世圣人易之以宫室，上栋下宇，以待风雨，盖取诸'大壮'。""上古结绳而治，后世圣人易之以书契，百官以治，万民以察，盖取诸'夬'。"（以上见《系辞下》）从上可见，《易传》作者认为，在卦象与具体事物的关系上，是先有"益""涣""小过""大壮""夬"等卦象，然后，"圣人"根据这些卦象再创造出舟楫、臼杵、宫室、书契等具体器物。这就是说，易象并不是对客观事物的摹拟和反映，而客观事物反而是对易象的摹拟和反映。按照这种"倒过来"的哲学，观念变成了现实世界的创造主，这是客观唯心主义谬论。

2."一阴一阳之谓道"

《易传》在中国哲学史上的最重要贡献是继老子之后提出了一个完整而精湛的朴素辩证法思想体系。这一体系的基本特征是：作者站在新兴地主阶级立场上，竭力宣扬"变"的重要意义，把运动变化看作是关于世界的普遍原则。与此同时，作者对产生运动变化的根源——事物内部的矛盾及矛盾对立面的相互作用作了多方、深入的研究。这两个方面都对中国朴素辩证法的发展产生了深远影响。

《易传》和老子一样，认为整个宇宙都处在不断的变化之中。它说："在天成象，在地成形，变化见矣。"（《易·系辞上》）《易传》认为，从日月星辰到山河大地，天地之间一切事物都在不停地变化。

《易传》作者不仅看到了社会历史是变化发展的，而且，还充分肯定这一变化发展的重要性和必要性。因此，它又说："天地革而四时成，汤武革命，顺乎天而应乎人。革之时大矣哉！"（《革·彖》）历史上，"革命"一词就是发端于此。尽管这里所谓的"革命"与今天"革命"概念有所不同，但它强调社会变革的不可避免性，并对此歌颂和赞美，这些，在历史上还是有积极意义的。

一切事物永远处于变化发展之中，那么，事物变化发展的根源或者动力是什么呢？

《易传》认为，事物的变化并不是由于外力的推动，而是由于事物自身所包含的矛盾以及对立面的相互作用引起的。在此基础上，《易传》提出了"一阴一阳之谓道"（《系辞上》）的著名命题。这是说，一切事物都包含有阴阳两个方面，这两方面既互相对立，又互相联系、互相依存，少了一方，其他方也就不能存在。正是事物内部阴阳两个方面"相感""相推""相摩""相荡"，从而引起了事物的运动变化。这里包含着发展是对立面的统一的思想。

在《易传》作者看来，"一阴一阳之谓道"的宇宙发展原则，可以用名言（概念）来把握："圣人立象以尽意，设卦以尽情伪，系辞焉以尽其言。"（《系辞上》）"易与大地准，故能弥纶天地之道。"（同上）即《易》与天地之道、概念的辩证法与客观辩证法是同一的，故《易》的卦象及说明这些卦和爻的判断，足以弥纶（涵盖）宇宙发展之道。这实际上即肯定了逻辑思维能够把握辩证发展的法则。

总之，在唯心主义的前提下，《易传》对客观辩证法（宇宙发展的法则）与概念的辩证法都作了较深入的考察，这种丰富的辩证法思想对后世产生了积极的影响。不过，由于《易传》的辩证法思想是包裹在唯心主义的体系之中的，故不可避免地具有不彻底性。如它说："天尊地卑，乾坤定矣，卑高以陈、贵贱位矣。"（《系辞上》）这就否定了尊卑贵贱可以相互转化。又说，八卦"引而伸之，触类而长之，天下之能事毕矣"（同上），即以为《易传》已把天下之真理完全穷尽了。这显然是一种形而上学的观点，这些思想构成了《易传》中的消极的方面。

■ 《尚书》的五行与天德

"五行"思想见于《尚书·洪范》。周武王灭商后访问箕子，箕子说，上天曾赐给大禹"洪范九畴"："初一曰五行，次二曰敬用五事，次三曰农用八政，次四曰协用五纪，次五曰建用皇极，次六曰乂用三德，次七曰明用稽疑，次八曰念用庶征，次九曰向（享）用五福，威用六极。"所谓"洪范九畴"就是九种治国的大法或范畴。关于"五行"，《洪范》说：

"一曰水，二曰火，三曰木，四曰金，五曰土。水曰润下，火曰炎上，木曰曲直，金曰从革，土爰稼穑。润下作咸，炎上作苦，曲直作酸，从革作辛，稼穑作甘。"

这是以"水、火、木、金、土"为"五行"的最早记载。"五行"是先民在社会生活中五种最重要的、与民生关系最密切的物质元素和原理法则。"行"与"道"相通。甲骨文中，"行"的字形像十字路口。《易经·复》六四爻："中行独复。"《易传·象上》："天行健。"《诗经·鹿鸣之什·鹿鸣》曰："人之好我，示我周行。"这里的"行"皆应训为"道"。"润下"是水运动变化的基本原理，"炎上"是火运动变化的基本原理，"曲直"是木运动变化的基本原理，"从革"是金运动变化的基本原理，"稼穑"是土运动变化的基本原理。其中"金曰从革""土爰稼穑"，反映了那个时代重视青铜制造和农业生产的特点。西周末年,"阴阳"与"五行"受到人们的重视,乃至成为以后中国哲学的重要范畴,这与《洪范》和《周易》的重要影响是分不开的。

值得注意的是,作为中国哲学史上的一个重要哲学范畴的"德"("天德""元德""德元"等),在《尚书》中出现了114次("道"在《尚书》中只出现了12次),且大多是在哲学的层面上使用的。在《尚书·吕刑》篇中出现了"天德"概念,其云:"惟克天德,自作元命,配享在下。""克"有胜任、承担的意思。意谓唯能肩任天德,才能配天命,享有天所赐予的福禄。这里的天德也就是后儒所说的常道、天道或天理。

德所具有的最高本体的哲学义蕴,还体现在《尚书》中与"天德"密切相关的两个概念:"元德"和"德元"。《酒诰》云:"兹亦惟天若元德,永不忘在王家。"元有"始""大""本"的意思。"天若元德"是说天顺从其大德(《释言》释"若"为"顺也")。"元德"在《召诰》篇中被称做"德元",其云:"其惟王位在德元,小民乃惟刑用于天下,越王显。"意思是说王以大德(德元)居位处事,百姓效法王德,如此则王德行于四方而化于天下。可见,"元德"和"德元"都是在最高本体层面上说的,类似后儒所说的天道或天理。

《尚书》德论所具有的最高本体义蕴,还体现在《尚书·皋陶谟》的"九德"说和《洪范》的"三德"说中。《洪范》的"三德""一曰正直,二曰刚克,三曰柔克"。"九德"说见于《皋陶谟》,其基本内容是:"宽而栗,柔而立,愿而恭,乱而敬,扰而毅,直而温,简而廉,刚而塞,强而义。"我们可以把《洪范》提出的"三德"说看做是对皋陶"九德"说的继承和发展。郑玄认为"九德"中的"简""刚""强",就是《洪范》"三德"中的"刚克";"宽""柔""扰",就是《洪范》"三德"中的"柔克";"直""愿""乱",就是《洪范》

"三德"中的"正直"。天刚、地柔、人直,集此三者特性于一身的"德",其作为形上的最高本体范畴的意义和地位,是毋庸置疑的。

首次出现于中国哲学史上的"天德"概念,后来在郭店竹简的《成之闻之》等篇和《易传》中得到了发展,并对儒道两家哲学思想的发展产生了重大影响。《易传·系辞上》:"立天之道曰阴与阳,立地之道曰柔与刚,立人之道曰仁与义。"《郭店楚墓竹简·成之闻之》:"君子治人伦以顺天德","圣人天德何?言慎求之于己,而可以至顺天常矣。"张载《正蒙·神化》:"神,天德;化,天道。德,其体;道,其用,一于气而已。"它们都从《尚书》的"天德"和"三德""九德"理论中汲取了思想养料。

■ 《中庸》论"中"与"诚"

《中庸》被收入戴德所编辑的《礼记》中,根据传统说法是战国时代子思(孔子的孙子)所作,但从其内容看,则既非成书于一时,亦非出于一人之手,大体可以视为战国中后期儒家的作品。

《中庸》并没有将"中"视为形而上学意义上的现成形态,而是将它的内涵展示在命、性、道、教四者的相互贯通之中。从《说文》的理解来看,"中"本身就是上下通达的意思,因而《中庸》对"中"的理解,不是托付给概念的规定或范畴的界定,而是留给了在命、性、道、教四个架构性要素之间的相互通达,这种通达被视为美好而正当的社会生活的基础。从这个层面看,《中庸》开篇所说的"天命之谓性,率性之谓道,修道之谓教",实际上简明扼要地阐述了中庸之道的根本纲领。宋代学者黎立武说:"性也,道也,教也,内外相成之道,是三者得之,然后为中庸之道。"(《中庸指归》)"首章言命、性、道、教,此以下专以道言,举一以该三也。"(《中庸分章》)这的

确切中中庸基本纲领的实质。

《中庸》强调,"喜怒哀乐之未发,谓之中;发而皆中节,谓之和。中也者,天下之大本也;和也者,天下之达道也"。这意味着,在性、道、教三者之中,性乃是实践的主体根据,它与天命作为实践的客观根据形成对应关系;甚至可以说,性与命,一如天与人一样,乃是必然的相关物、对应物。喜怒哀乐之情未发时,性在人的生命之中流淌,在《中庸》,这被理解为"天下之大本",这个大本固然落实在人性之中,但却更多的是天命的作用;而当感性意义上的喜怒哀乐之情发动,并与心、性本身的秩序达到高度的和谐时,这被理解为"天下之达道",也就是对一切个人而言,构成在原则上人人可行的通达道路。"致中和,天地位焉,万物育焉"(《中庸》)。在这里,作为致和的达道被作为实践的构成性原则,而致中的"大本"则构成实践的调节性原则。就"和"被理解为"达道""中"被理解为"大本"而言,实际的工夫实践被归结为积极的"致和"而不是"致中"。就此而言,"喜怒哀乐之未发"并不是被作为一个积极追求或被要求的目标,相反它对于"发而中节"的实践更多地具有调节性的意义,而不是构成性的意义。但作为调节性的原则,致中与致和的一贯却保证了性与命的沟通,因为性说到底乃是天命之性。

《中庸》顺着"致和"实践展开的根据,提出了"三达德"的问题。中庸是否可能的问题,虽然在开篇的纲领中,被理解为命、性、道、教四者之间是否能够贯通，但其切实的入手处与主体根据，却在此"三达德"，即智、仁、勇。智、仁、勇的相互贯通、相互支持，提供了一条走上中庸之道的通道。

如果说君子之道的主体根据是智、仁、勇之德，那么中庸之道的实现则必须在人伦、家庭、国族、社会、天下等构筑的脉络里，这一脉络包含三个环节：修身、治人、治天下国家。修身立足于智、仁、勇三达德，治人则须遵循"五达道"（君臣、父子、夫妇、昆弟、朋友之交），治天下国家则须遵循"九经"（修身、尊贤、亲亲、敬大臣、体群臣、子庶民、来百工、柔远人、怀诸侯）。由于修身构成了后二者的基础，所以智、仁、勇不仅仅是修身，同时也是治人、治天下国家的主体根据。智、仁、勇三者作为达德的基础，基于诚；诚一旦缺失，三者就很难贯通。反过来，"诚"作为人的道德实践，其内容就是"诚此智""诚此仁""诚此勇"。如果说智、仁、勇是直接关联着人的心性与知行活动（事）、知行活动的对应关联物（物），那么诚的实践的对应者却不是展示在身体中的知行活动（事）及其关联物（物），而是仅仅对应于内在的德。在这个意义上，诚既构成进德（智、仁、勇三达德）的根据，也构成九经、五达道所以可能的根据。

不仅如此，诚还是贯通天人的枢纽，也就是贯通命、性、道、教的根据。"诚者天之道，诚之者人之道"（《中庸》）。天道之诚贵在"为物不贰""生物不测"，真实而不虚妄，但这种诚是在自然层次上的非意志性的、合目的的过程；人道的"诚之"则是人自觉地努力追求的活动过程及其结果，这一自觉的方式有两种：自明诚（由教而入道）与自诚明（由道而立教），二者虽然在一定意义上区分了君子之道与圣人之道，但其实在终极意义上殊途而同归，即指向成己、成人与成物。

《大学》的"三纲八目"

《大学》是《礼记》中的一篇，作者不详，朱熹认为乃曾参所作，王柏提出为子思所作，但皆不可考。其实际成文，约在战国时代。宋代程颢、程颐将其从《礼记》抽出，加以编次，朱熹亦对之进行整理，并纳入《四书》，影响甚大。就篇名的意义而言，《大学》与《小学》相对，在三代的教育体制中，《小学》学习的是礼、乐、射、御、书、数，《大学》的课程则为《诗》《书》《礼》《乐》（后来加上《易》《春秋》）；《小学》的目标是基本的日常礼仪与伦理的教育，《大学》则以培养大人或君子为目的。但《大学》这一文本不是对三代大学制度的追叙，而是总结大学的理念与原则，即所谓三纲八目。

《大学》的内容被总结为"三纲八目"，所谓三纲领，指的是《大学》开篇所谓"大学之道，在明明德，在亲民，在止于至善"。所谓八条目，指的是正心、诚意、格物、致知、修身、齐家、治国、平天下。三纲领是对大学之道的根本原则或理念的总括，八条目则是对具体实践方式的揭示。

明明德、亲民、止于至善三个原则彼此独立，构成互补的关系，但明明德更具有基础性的意义。"明明德"中的第一个"明"是动词，明与知不同，明之所以区别于"知"，在于它不再与"行"对立，而是将行纳入自身之中。一旦明了，所明者就不仅仅是外在于明的主体之外的对象，而是主体自身的存在方式。就明德自身的内涵而言，明德乃是本有自明之德，朱熹编次的《大学》传之首章引用了《尚书》来阐发明德的内涵，最终的结论乃是"皆自明也"。这意味着明德作为光明的德性，在人那里，即便受到压抑、抑制，会隐晦不明，但它仍然具有不可遏制地绽放自身的可能性。所谓"百姓日用而不知"，即便在不知不觉中，明德亦会自发地呈露自身。因为，它得之于天，是天之所以与人而人之所以为德者。至于将其具体化为仁义礼智信五常之性德，乃是后出的解释，虽然在逻辑上可以视为明德概念的题中应有之义，但却将明德的内涵相对固化了。明德的自我呈现，若在完全系之于天的情况下，只能滞留在自发的、偶然的层面，换言之，它与主体的关联只能维系在"遇"的微弱联结中。"明明德"则是基于主体的自觉努力与修养，《大学》所谓的正心、诚意、格物、致知、修身，都是明明德的具体工夫。

"亲民"自二程后作"新民"。简单地说，新民乃是使民自新，但使民自新的方式却是君子自身之明明德。日新之谓盛德，明明德本身恰恰是生命存在之自身的时时自我更新，故而《大学》用"苟日新，日日新，又日新""作新民""周虽旧邦，其命维新"来进一步阐发"新民"，其中包含着的逻辑在于，一方面君子自身的明明德，乃不断超越扬弃以现成化、固态化、外力习气推动而形成的惯性生活方式，而使得自身的生命处于日新的不断有所获"得"（德）的状态，另一方面君子的这种存在方式又具有移风易俗的作用，化育、引导民众之自我更新，甚至进一步影响到一国一族的自我更新。而这种自我更新是明德本身的内在要求。

"止于至善"则为大学之道设立了一个边界。所谓至善，并不是与恶相对的善，而是超越善恶对立的终极意义上的价值。但就具体的工夫而言，一事一物之善又需落实在不同的事物之上，《大学》举例说："为人君，止于仁；为人臣，止于敬；为人子，止于孝；为人父，止于慈；与国人交，止于信。"在这里，君臣子父交，是所止之处，而仁敬孝慈信，则是所止之德，此所止之德就是善，由此形成诸善并行不悖、相生相济的秩序整体时，止于至善也就在里面了。

明明德可以有不同的层次,当明明德于天下时,也就是止于至善。可见明明德乃是新民、止于至善的基础,若没有明明德可据,则新民、止于至善也就是空言。但新民对于明明德与止于至善的意义,则在于提供了一种连接二者的桥梁,不仅如此,它更将明明德的事业扩展到一人、一家、一国之外。没有明德、新民,也就很难理解止于至善;反过来,止于至善这个表述,也为明德新民的事业确立了基础的。三纲领虽然是明德为基,但彼此相互支撑,而共同构筑了大学之道的结构总体。从这个总体来看,大学之道的目的并不是一己的修养,而是塑造新民、止于至善。

八条目意味着三纲领的具体实施方式,包括正心、诚意、格物、致知、修身、齐家、治国、平天下,其中修身居于枢纽的地位,它联结了正心、诚意、格物、致知(通常被概括为内圣的工夫)与齐家、治国、平天下(通常被概括为外王的工夫)既属于前一个系列的终点,也构成后一个系列的起点,而明德、新民、止于至善的基础便在修身。《大学》说"德润身",所谓修身,就是以在己之明德滋润身体,使明德在身上明起来。《大学》主张工夫实践的先后本末之序,所谓"物有本末,事有终始,知所先后，则近道矣"。《大学》具体地阐发了八条目的始终之序：①"古之欲明明德于天下者，先治其国，欲治其国者，先齐其家；欲齐其家者，先修其身；欲修其身者，先正其心；欲正其心者，先诚其意；欲诚其意者，先致其知，致知在格物。"②"物格而后知至，知至而后意诚，意诚而后心正，心正而后身修，身修而后家齐，家齐而后国治，国治而后天下平。"其中，①为工夫所始之序，②为所终之序。而在八条目中，"自天子以至于庶人，壹是皆以修身为本"，这意味着修身乃是齐家、治国、平天下的根据。

《大学》分别阐发了齐家在先修身、治国在先齐家、平天下在先治国，既在一定意义上厘定修身、齐家、治国、平天下的各自边界，同时又展示了它们之间的连续性。其讨论的重点在于"平天下在治其国"。在此它提出了"絜矩之道"。简单地说，絜矩之道就是"己所不欲、勿施于人"的恕道。从恕道进一步推广，可上达其积极的层面，即"己欲立而立人，己欲达而达人"——合此两个层面则是"仁道"。《大学》认为与民同其好恶，就是仁道的具体展开，而仁道在大学之道的脉络里也正是得天下的根据所在。"民之所好好之，民之所恶恶之，此之谓民之父母"。（《大学》）一方面，在《大学》论述的深层逻辑中，平天下的主体并不是治国者，这一主体之外另有一个主体，而就是这一既有主体的扩展形式；另一方面，所谓民之好恶，包含着对民心向背的关注。

值得注意的是，《大学》所提供的对以修身为本的大学之道的理念性概括，同时也是一个社会的理想模型。无论是后来的文官制度、自然经济、科举选士制度，还是士农工商的社会层级、耕读传家的生活方式，以至于整个中国文化的构造，在一定意义上都可以视为大学之道的具体化，即在伦理上导向人人相生互养，尽其位分，而在道德上各尽其心，修身为本，向内用力，以使人居于自得之地。

■ 《吕氏春秋》的哲学思想

《吕氏春秋》由吕不韦的宾客撰写与编纂而成。吕不韦（？—公元前235年）原为富商，因帮助秦国公子子楚继位为庄襄王，受到庄襄王重用，封文信侯。庄襄王死，太子嬴政即位，吕不韦更被尊为相国，称作"仲父"。吕不韦借权重一时，聚合食客三千人，让"人人著所闻"，集为《吕氏春秋》，目的是集各家之精华，成一家之思想，为秦国统一天下进行理论论证。

《吕氏春秋》分十二纪、八览、六论，共26卷160篇。其中十二纪是全书的要旨所在。全书内容驳杂，广泛涉及政治、经济、军事以至思想文化中哲学、道德、音乐等领域，但始终不离君主应取的治国之道和国士应有的仪态操守这一中心话题。作为由先秦转入秦汉这一特定时期的一部著作，《吕氏春秋》在思想上和史料上都有很高的参考价值。它既是秦王朝实现思想统一的前期探索，反映了中国社会结束纷争、走向秦汉时期天下一统的时代要求，又在思想上与汉初的黄老之学存在很强的一致性，因而，在一定意义上具有秦汉哲学的特点，是秦汉哲学的先导。

1. "用众"说

《吕氏春秋》广泛涉猎先秦各家各派的思想，兼及各类文献所记之行事。它对诸子百家的理论特点都有中肯的点评。如《不二》篇称：

"老耽贵柔，孔子贵仁，墨翟贵廉，关尹贵清，子列子贵虚，陈骈贵齐，阳生贵己，孙膑贵势，王廖贵先，儿良贵后。此十人者，皆天下之豪士也。"

这里，以"贵柔""贵仁""贵兼"等说法分别点评老子、孔子、墨子各家，就十分得当。作者称赞这些人物"皆天下豪士也"，明显有别于以往各家相互排斥、相互指摘的做法，而表现出对各家各派兼收并蓄、融会贯通的态度。

在《吕氏春秋》"十二纪"的《用众》篇里，作者称述，治国不可纯用一家，更不可杂用多家，而必须"齐万不同"，把各家之长集合为一，方可成功。《用众》篇称：

"天下无粹白之狐，而有粹白之裘，取之众白也。夫取于众，此三皇五帝之所以大立功名也……夫以众者，此君人之大宝也。"

"天下无粹白之狐"，意指不可能有哪一家学说是圆足的；"而有粹白之裘"，则指如把各家学说的长处与优点集合起来就可以获得圆足。因此，《吕氏春秋》认为"夫以众者，此君人之大宝也"。

在"用众"思想的指导下，《吕氏春秋》于儒、法、道、阴阳诸家均有所取。如《适威》篇称："古之君民者，仁义以治之，爱利以安之，忠信以导之，务除其灾，思致其福。"这是有取于儒家的。《察今》篇称："治国无法则乱，守法而弗变则悖，悖乱不可以持国，世易时移，变法宜矣。"这是出自于法家的。但《吕氏春秋》力图从道家的立场来统合各家。他称赞老子说："故老聃则至公矣。天地大矣，生而弗子，成而弗有，万物皆被其泽，得其利而莫知其所由始，此三皇五帝之德也。"（《吕氏春秋·贵公》，以下本章凡引该书，只注篇名）又说："圣人听于无声，视于无形，詹何、田子方、老耽是也。"（《重言》）这表明，《吕氏春秋》更推重老子式或经过改铸的老子的治国理念。这一点集中表现在《吕氏春秋》的"贵因"说与"十二纪"的"论衡"中。

2."贵因"论

老子曾经提出"道法自然"的著名命题。"法"显然就是"因顺"之意；"自然"则是指"自然而然"。老子的这一命题，着意在反对过分的人为做作，过多的人工改变。因此，"道法自然"偏重的是"无为"。

老子之后，法家和具有法家色彩的黄老学派，都有取于老子而强调"因""因顺"，如韩非就讲"因可势，求易道"（《韩非子·观行》）。韩非所谓"势"实指不同的力量对比而形成的格局与趋向；"因顺"这种"势"而求取的易行之"道"，便是一种并无原则立场而只具操作意义的"术数"。韩非子把这种"道"看做"君人南面之术"，其间显露出一种阴冷的色彩。

《吕氏春秋》也有得于韩非子。《任数》篇称："古之王者，其所为少，其所因多。因者，君术也；为者，臣道也。为则扰矣，因则静矣。"这里也把"因"视为"君术"。但《吕氏春秋》并没有把"术"解释为无原则的"术数""权谋"。《贵因》篇称：

"三代所宝莫如因，因则无敌。禹通三江五湖，决伊阙，沟回陆，注之东海，因水之力也。舜一徙成邑，再徙成都，三徙成国，而尧授之禅位，因人之心也。汤武以千乘制夏商，因民之欲也。如秦者立而至，有车也；适越者坐而至，有舟也。秦越远涂也，竫立安坐而至者，因其械也。"

《贵因》篇这里的"因"，一方面显然是指要"因顺"客观世界存在的状况与规则，这表明它不再是一种"术数"或"权谋"，这就有别于韩非子；另一方面，它又强调在"因顺"客观世界的状况与规则的前提下人的努力是可以成功的，这表明它不仅不一般地反对"有为"，而且十分重视在一定条件下人可以大有作为，强调人的能动作用对于改造自然与社会的意义，包含了把发挥主观能动性与尊重客观规律结合起来的思想，这就超越了老子。

尤其是当《吕氏春秋》把"因顺"的原则进一步展开为依"十二纪"

论"政"治"世"时,更表现出《吕氏春秋》在从战国末年思想家强调的"天人相分"向两汉思想家关切的"天人相与"的这一大转向中的独特贡献。

所谓依"十二纪"论"政"治"世",就是从一年四季十二个月,天地宇宙变迁的节律来说明世间生活与政治体制、政治运作所应遵循的规则。

《吕氏春秋》把人间生活与政治建制、政治运作的正当性诉诸宇宙论,以一年四季十二月万物生养收藏的变化节律来规范人类的行事法则,无疑就显示为一种"因顺自然"的思想路向。这种思想路向即源于道家的"因顺"观,并对其作了进一步展开。这种"因顺"观在西汉初年被融摄于黄老学,构成为官方统治思想。后来进而被董仲舒赋予伦理的内容,构成汉唐儒学的基本框架。儒道两家都取宇宙论为形上框架,正体现了农业文明特定生存处境下人们思想与信仰的基本特点。

拓展阅读

后期墨家"以名举实"的思想

《韩非子·显学》说:自墨子死后,墨离为三,有相里氏之墨,相夫氏之墨,邓陵氏之墨。统称后墨之家。后期墨家的著作,保留在《墨子》一书中,有《经上》《经下》《经说上》《经说下》《大取》《小取》等六篇。大概是他们在战国中后期所形成的作品。

"以名举实"。举,拟实也。以名摹拟事物之实,墨家谓之举。《经上》:"名、达、类、私。""名、物、达也,有实必待之名也。命之马,类也,若实也者,必以是名也。命之臧,私也,是名也,止于是实也"(《经说上》)。这里讲的名实关系,明确以名为实,以名来模拟、反映实。实是第一性,名是第二性,这是坚持从唯物主义认识论出发来分析研究概念。

然后在这个基础上按照概念内涵和外延的不同,再把概念分为三类:达、类、私。其中"达名"是最高的普遍概念,万物之总名,如"物"的外延包合了一切实际存在的东西,所以说它是"有实必待之名"。"类名"是属性相同的类别概念,如"马"的外延包括同类的各种马,所以说它是"若实必以是名"。"私名"是专有的单独概念,如"臧"(奴仆的名字)的外延只限于特定的人,所以说它是"是名止于是实"。"达、类、私"的概念分类正确地表现了内涵和外延、个别和一般的关系。如"白马"本身是包含在马这类概念中,所以《小取》篇指出:"白马,马也,乘白马,乘马也。"这就纠正了公孙龙"白马非马"的片面观点。

同时,后期墨家还提出"坚白相盈""坚白不相外"的思想,"坚,无(抚)坚得白,必相盈也"(《经说下》)。"手抚坚,目得白,坚与白皆为石所有"(同上)。认为坚和白都是石的属性,与石不可分离且内涵于石中。当用手抚石只觉其坚,不见其白时,只是人们的感官分工不同,并非白不存在于石,在同一块石上,坚、白是同时兼有,批判了公孙龙的"离坚白"说,这些都具有哲学和逻辑的重要意义。

第三章
秦汉时期的哲学思想

　　秦、汉两朝是地主阶级在全国范围内确立、巩固其经济制度和中央集权专制主义政治制度的历史时期。而此时的各种学派、思潮，也面临在新的历史条件下如何生存、发展的问题。因此，这一时期仍然存在不同思想、学派之间的纷争，诸如黄老学派与儒家、儒家与法家争夺统治地位的斗争等。这一现象可视为春秋战国百家争鸣的余波。

第一节 独尊儒术和黄老思想

■ 独尊儒术和两汉哲学论争中心的转变

中国古代哲学发展到秦汉时期时，已经由独尊儒术的哲学思潮取代了先秦时期的诸子百家，中国也实现了前所未有的大统一。因此，对于秦汉统治者而言，对中央集权的加固变得尤为重要。

秦王朝的短命（首尾仅15年），无疑给汉初统治者敲了一记有力的警钟。汉高祖刘邦鉴于秦二世而亡的教训，曾叫他的谋士陆贾"试为我著秦所以失天下，吾所以得之者何，及古成败之国"（《史记·郦生陆贾列传》），以使汉王朝"欲其长久，世世奉宗庙无绝"，保持刘姓天下的长治久安。这反映了汉初统治者十分注意总结历史经验，从理论上探讨如何巩固和发展封建政权。

陆贾是汉初著名的思想家，也是一个儒生。他指出秦之速亡，"非不欲为治，然失之者，乃举措暴众而用刑太极故也"（《新语·无为》）。并劝导刘邦："公居马上得之，宁可以马上治之乎？且汤武逆取而以顺守之，文武并用，长久之

▲ 陆贾

术也。"(《史记·陆贾列传》)陆贾所说，显然将秦亡的教训与商汤、周武成就伟业的经验互相印证，主张恰当处置逆取与顺守的关系，确立以"文武并用"为巩固政权的长久之术。

汉初统治者文武并用、教化与刑法兼施的两手策略，反映在意识形态上有个演变过程。文帝、景帝时表现为提倡渗有儒家观念的"黄老之术"，到武帝时则在"独尊儒术"的旗号下搞"外儒内法"。

汉初一个时期曾有黄老之术的盛行，这首先是针对着暴秦的苛刑严律、缓解百姓长期遭受的重负；也为使百姓在离却战乱与灾荒之后有个休养生息、发展生产的余地。刘邦当年打进咸阳，即告称"父老苦秦苛法久矣"，遂"约法三章""杀人者死、伤人及盗抵罪，余悉除去秦法"(《史记·高祖本纪》)。以后，吕后、文帝、景帝据此精神对待百姓；萧何、曹参为相，亦"填（镇）以无为"，作为治国之策，这都产生了较好的社会效果："从民之欲而不扰乱，是以衣食滋殖，刑罚用稀。"(《前汉书·刑法志》)

不过，汉初统治者推行黄老之术也不是只讲清静无为，与民休息，还强调刑德兼治的统治术。1973年长沙马王堆西汉墓出土的"帛书"就概括出刑德、文武、内外、顺逆、存亡等一系列关系范畴，广泛涉及西汉社会的政治问题。其中，又特别重视刑德关系，称"刑德皇皇，日月相望""刑德相养，逆顺若成"；同时肯定了"刑晦而德明，刑阴而德阳，刑微而德彰"(《十六经》)，主张"抱道执度"，把握好德主刑辅的主旨。这和陆贾、贾谊的思想仍然是一致的。所以，作为对秦代"焚书坑儒"的对立面，汉初统治者一直是注重儒家的礼制和德治，用作整治朝纲之本。

汉武帝凭藉"文景之治"以来积累的物力、财力和军力，对外用兵、扩张疆土；对内兴作，多所创建，不断铲除诸侯割据势力，致力于巩固和加强中央集权的封建大一统局面，并正式采纳董仲舒"罢黜百家，独尊儒术"的主张，颁行天下。董仲舒提出："诸不在六艺之科，孔子之术者，皆绝其道，勿使并进。邪辟之说灭息，然后统纪可一，而法度可明，民知所从。"（《天人三策》）其倡"独尊儒术"，用意在"统纪可一""法度可明"，强调以仁义为主，但并未取消刑政法治，正好合于汉武帝"内多欲而外仁义"的要求。所以，汉武帝时的"独尊儒术"，实际是在儒家的旗号下的儒法合流，刑德兼治。

汉初统治者"独尊儒术"，产生了两方面的后果。一方面，形成了统一的指导思想，和政治上的专制主义相配合，有效地促进了国家的统一和社会秩序的安定，使生产和科学获得了较大的发展。另一方面，定儒学于一尊，特别是汉武帝专立五经博士，造成了以读经、通经为仕途的时尚，学者以儒经为教条，争相"皓首穷经"，导致繁琐学风和经院式哲学（经学）的泛滥，为儒学的神学化和宗教迷信的盛行开了先声。这样，科学与迷信，哲学与神学的交织和斗争，就构成了汉代意识形态演变进程中的特定内容，同时也推动了哲学论争的中心的转变。

汉代哲学论争中心的转变，对以后哲学的发展发生了深远的影响。关于宇宙论（道和物的关系）在汉代是通过"或使""莫为"之争而展开的，由王充的唯物主义的"莫为"说（"气自变"）达到总结。到魏晋时期，这一论争便演变为本体论上的"有无（动静）"之辩，到北宋时由张载作了总结，以后则演变为"理气（道器）"之辩。"形神"之辩经汉、魏晋到南北朝，由范缜作了总结，以后演变为心物关系上的论争，到北宋与"知行"之辩密切结合。"理气（道器）"之辩和"心物（知行）"之辩就成了宋明时期哲学论争的中心，后来到明清之际由王夫之作了总结，使朴素唯物主义和朴素辩证法的统一达到了一个更高的阶段。

■ 汉初的黄老思想

1973年年底，湖南长沙出土了震惊学术界的马王堆汉墓帛书《老子》甲乙二种。而同样引起人们兴趣的还有与《老子》乙种本合卷出土的四篇文章。经过学者们的精心考证，名为《经法》《十大经》《称》和《道原》，均属道家类，它们很可能就是史书有载但失传已久的《黄帝四经》。《黄帝四经》与《老子》同时出土于西汉初期的墓葬，这一发现本身就以一种直观的形式向人们传递了一个强烈的信号——史书中记载的西汉初期黄老道家曾经盛行一时是确有其事的。

那么，到底什么是黄老道家？它与传统的老庄道家又有哪些异同？它为什么能够在汉初大行其道？

远在西汉初期，黄老道家已经盛行于世，不过，黄老道家的思想渊源则起源于战国时期。远在战国时齐国的稷下学宫中，老子的道家思想就被慎到、田骈、接子、环渊等学子进行了改造与发展。另外，这些人又在与其他稷下学宫中的诸多学子进行长期切磋或辩论的过程中，尽可能地保留老子的天道观念和柔顺、无为思想的前提下，也注意吸纳其他诸子百家、尤其是法家思想中蕴含的积极因子，形成"以虚无为本，以因循为用"、强调君主"南面之术"这类全新的道家学派。为了能与其他成名已久的学派相抗衡，这个新道家学派只好"托名自重"，即假借上古时期的黄帝与道家创始人老子的名义，称自己的学说是与黄帝、老子一脉相承的，所以命名为"黄老道家"。又因这一学派主要注重道与法的融合，所以，也被称为"道法家"。

黄老道家思想的理论精旨比较集中地保存在《论六家要旨》和《黄帝四经》中。

《论六家要旨》是司马迁的父亲司马谈所作的一篇评论六家短长得失的精彩论文，其中在谈及道家时，司马谈说道：

"道家使人精神专一，动合无形，赡足万物。其为术也，因阴阳之大顺，采儒、墨之善，撮名、法之要，与时迁移，应物变化，立俗施事，无所不宜，指约而易操，事少而功多……道家无为，又曰无不为，其实易行，其辞难知。其术以虚无为本，以因循为用。无成势，无常形，故能究万物之情。不为物先，不为物后，故能为万物主。有法无法，因时为业；有度无度，因物与合。故曰圣人不朽，时变是守。虚者，道之常也；因者，君之纲也。群臣并至，使各自明也。"（《史记·太史公自序》引司马谈《论六家要旨》）

司马谈这里所讲的道家实际指的就是汉初盛行的黄老道家。从他的描述中我们可以看出，黄老道家在思想资源上兼取了儒、墨、名、法诸家之长，并以道家的虚无来加以统摄。具体来说，黄老道家崇尚清静无为、因循变化，希望以"无为"的形式来做到"无不为"。因此，它将道家的"虚无"精神与法家的某些思想糅合在一起，从而构建起一种更具有自然法意味的政治哲学。

从《史记》中"平准书"一章来看，汉代初年的几代皇帝都采取了以黄老道家思想为指导的"休养生息"政策，使得西汉在经过70多年的"休养生息"后，"都鄙廪庾皆满，而府库余货财。京师之钱累巨万，贯朽而不可校。太仓之粟陈陈相因，充溢露积于外，至腐败不可食。众庶街巷有马，阡陌之间成群，而乘字牝者傧而不得聚会"。换句话说，"文景之治"只是因为采用了清静无为的治国之术，才能获得空前的繁荣景象。

第二节 秦汉哲学的代表人物

■ 董仲舒

西汉王朝经过60多年的巩固和发展,特别是经过"文景之治",等到汉武帝之时,国力达到鼎盛阶段。原来奉行的无为而治的黄老思想已不能适应统治阶级的需要了,但当以何种思想取而代之还是个问题,经过激烈的争论,汉武帝最终采纳了董仲舒的"罢黜百家,独尊儒术"的建议。

董仲舒约生于汉文帝元年(公元前179年),卒于武帝太初元年(公元前104年),广川县(今河北省景县)人。其生平事迹主要见于《史记·儒林传》和《汉书·董仲舒传》。其传世著作主要是《春秋繁露》和《汉书》本传中的《天人三策》。其他尚有:《汉书·食货志》中的经济论,《五行志》中的灾异论,《匈奴传》中的匈奴议等。据学者考辨,上述书、传、志大体不伪,可以作为研究董仲舒生平及其思想的可信史料。

董仲舒建立了一个庞大的思想体系,既继承孔、孟,又有异于孔、孟,其哲学思想相当完整和复杂。

▲ 董仲舒

1. "天人感应"的神学目的论宇宙观

经过春秋战国时代一些思想家的批判，殷周统治者所信奉的"上帝""天命"的至上神地位已经有所动摇。秦始皇不言"天命"而讲"五德终始"。汉初统治者为了巩固其专制主义的皇权，就将"上帝""天命"改造为至上神的"天"；而在思想理论上完成这一改造工作的，就是董仲舒。

董仲舒利用自然界一些事物之间相互感应的现象，类比天人关系。他以声音的共鸣现象为例，"鼓其宫则他宫应之，鼓其商则他商应之"，由此进行推论说："此物之类动者也，其动以声而无形，人不见其动之形，则谓之自鸣也。又相动无形，则谓之自然，其实非自然也，有使之然者矣。物固有实使之，其使之无形。"（《同类相动》）

通过附会，董仲舒把大量自然现象加以曲解和神化，从而创立了无异于谶纬迷信的天人感应说。从表面上看，此说确有限制君主胡作非为、保护黎民百姓的意图和作用，但实际上，君主从来不受此说的限制，至多在天灾来临之后下一通所谓"罪己诏"，借以愚弄黎民百姓。此说的根本目的和作用乃为巩固地主阶级的专制制度，强化皇权的神圣性、权威性。他所说的"天"不仅为人创造了万物，而且还在人间设立了代表，即权力最高的君主。上天授予皇帝以君权，皇帝代表上天实行赏罚。他说："受命之君，天意所予也。故号为天子者，宜视天如父，事天以孝道也。"（《深察名号》）既然皇帝是天之子，受命于天而王天下，承天意以从事，那么，其所作所为所言都是神圣的。黎民百姓只能服服贴贴地接受天子的统治，否则就是违抗天命，就要受到惩罚。可见，这种"君权神授"说，是为封建专制制度作论证的。

2. "天道"不变的发展观

董仲舒站在统治阶级的立场上，希望封建专制制度永世长存。为此，他提出了"天道"不变的著名论断。

董仲舒认为,新王必须改制,不改制不足以显"天志"。但制改道不改,即地主阶级的上层建筑是不改的,永恒的。因为"道之大原出于天,天不变道亦不变",故"道者万世亡弊,弊者道之失也","古之天下,亦今之天下;今之天下,亦古之天下"(《汉书·董仲舒传》)。所以"《春秋》之于世事也,善复古,讥易常,欲其法先王也"(《楚庄王》)。董仲舒为了论证地主阶级统治地位的永恒性,不惜抹杀古今天下的区别,力主复古,这是典型的形而上学不变论思想。

由此"道不变"思想出发,董仲舒认为阴阳之间以及人们之间的相互关系也是固定不变的。他承认一切事物均由矛盾着的两方面构成,但只言"合"即矛盾统一,而不讲矛盾斗争,董仲舒似乎是在讲阴阳的对立统一,实际上所谓"合",并不是对立的统一,只是强调一方必有另一方与之相配。一方面为主,与之相配的一方为从。具体而言就是阳为主,阴为从;君为主,臣为从;父为主,子为从;夫为主,妇为从。这一主从关系是不能相互转化的,是永恒不变的。

在他看来,阳主阴从,阳贵阴贱,阳尊阴卑,这一定位关系也是天意所在,是永恒不变的。臣要服从君,子要服从父,妇要服从夫,此乃天经地义。一言以蔽之,地主阶级的统治秩序神圣不可侵犯,与天永存。这才是董仲舒要说的话。

3. 神秘主义人性论和"三纲""五常"道德观

董仲舒的人性论和道德论也是为封建专制制度服务的。他不同意孟子的性善说和荀子的性恶说,而认为人性有善有恶。其主要理由有三:

其一,这是由天决定的。董仲舒说:"人之诚,有贪有仁。仁贪之气,两在于身。身之名,取诸天。天两,有阴阳之施;身亦两,有贪仁之性。天有阴阳禁,身有情欲栣(袵)。"(《深察名号》)意思是说,人性的善与恶不是自生的,而是受之于天的。天有阴阳二气,天以阴阳施之于人,就使人具有善、恶之性。天不能无阴或无阳,人性必有善有恶。

其二，这是由阴阳二气组合不同造成的。天所施之于人的阴阳二气，在组合上不能尽同，由此决定人的资质互有差异，质异性亦异。董仲舒把人性分为三品，即"圣人之性""斗筲之性""中民之性"（《实性》）。

其三，人性的善恶与教化有关。董仲舒肯定人的资质先天不同，但若把资质变为善性，还需要经过教化。

董仲舒说："天生民性，有善质而未能善，于是为之立王以善之，此天意也。民受未能善之性于天，而退受成性之教于王。王承天意，以成民之性为任者者也。"（《深察名号》）总之，人之资质是天所生的，善性是王承天意而教化的结果；"民"们天生就应接受王的教化和统治，这才是性"三品"说的真正内涵。

董仲舒根据其神学目的论、"天道"不变论和"三品"人性论所建立的道德系统，更是明确地为封建专制制度服务的。他把先秦儒家提倡的君臣、父子、夫妇、兄弟、朋友，这"五伦"发展为仁、义、礼、智、信"五常"，认为"夫仁、谊（义）、礼、知、信五常之道，王者所当修饬也"（《汉书·董仲舒传》）。并在"五常"中强调"三纲"：即君为臣纲、父为子纲、夫为妻纲；"臣""子""妻"完全是为了配合"君""父""夫"而存在的。这种封建统治秩序如同天地阴阳一样，乃出于"天意"。他说："王道之三纲，可求天。"（《基义》）换言之，"三纲"也是神圣的宇宙法则。

董仲舒还继承孔孟的义利观，主张"正其谊（义）不谋其利明其道不计其功"（《汉书·董仲舒传》）。他认为："夫万民之从利也，如水之走下，不以教化堤防之，不能止也。"（《汉书·董仲舒传》）

他把"义"看得比"利"重要，因为"义"是统治阶级的根本利益所在，"利"是"万民"的迫切需要。"万民"从利如水流，情欲泛滥，必然危害于"义"。所以他建议最高统治者严加"堤防""正法度以防欲""明教化以成性"（《深察名号》）。在此方面应当不惜工本，不遗余力。用他制造的"三纲""五常"之类的思想绳索把被统治的"万民"牢牢束缚于封建统治秩序之内。此后的历代封建统治者，无不接过董仲舒的这一思想绳索，加强对劳动人民的奴役。如果说董仲舒的思想理论在当时尚有维护国家统一、促进生产发展的积极意义的话，那么，随着封建地主阶级走向腐朽和没落，"三纲""五常"及其他一系列思想，就只能起消极、反动的作用了。

王充

王充（公元27—公元100年），字仲任，会稽上虞（今浙江上虞）人，其先本魏郡元城（今河北大名）。王充出生在一个以"农桑贩卖"为业的"孤门细族"，曾到京师受业太学，师事扶风班彪，做过几任小官，晚年弃官在家，潜思著述，著有《讥俗》《政务》《论衡》《养性》等书，但除《论衡》（以下引此书仅注篇名）之外，余均不存。王充以"疾虚妄"的精神对神学目的论、性命论、天性（生）有知论等进行了全方位的批判，同时又从哲学的层面对"气"的观念和自然的观念作了多方面的阐发。

1. 天道自然无为

董仲舒把天超越化和人格化，认为天有意志，一切自然现象都有其目的。相对于这样一种超验的、神秘的学说，王充继承和发扬了道家的自然主义观念，并以此为武器对以天人感应论为核心的神学目的论作出了深刻的批判。

王充开宗明义地说："夫天道，自然也，无为……黄老之家，论说天道，得其实矣。"（《谴告》）但是，"道家论自然，不知引物事以验其言行，故自然之说，未见信也"（《自然》）。因此，王充对道家的自然主义观念作了进一步的论证，而论证的核心则在于强调了"气"和"自生"的观念。他说："天地合气，万物自生。"（同上）"夫天不能故生人，则其生万物，亦不能故也。天地合气，物偶自生矣。"（《物势》）

人与万物皆是天地间的气之运行的自然结果，这一过程没有必然的目的，它纯粹是一个偶然的过程。

神学目的论往往把天人格化，王充则根本反对天的人格化。在他看来，无论天是"体"是"气"，它都不可能有口目之属，因此也不可能有欲求以及相应的思虑情志。可见，王充所说的"无为"并不等于无所动行，而是其动行没有意向性和目的性，"无心于为而物自化，无意于生而物自成"（同上）。

因循自然，无为而治，这样也就无需谴告，"纯蒙无为，何复谴告？"（同上）那么，谴告说又是如何产生的呢？王充说："末世衰微，上下相非，灾异时至，则造谴告之言矣……谴告之言，生于今者，人以心准况之也。"（《自然》）"凡言谴告者，以人道验之也。人道，君谴告臣；上天谴告君也，谓灾异为谴告。"（《自然》）

在此，王充分析了谴告说产生的两个根源：其一，末世衰微是谴告说产生的社会历史根源；其二，人们以人道的情形来譬况和比附天道（"人以心准况之也""以人道验之"），这是谴告说产生的认识论根源。

王充坚持以自然的观念来解释一切现象。他所说的"自然"，实际上包含了必然与偶然。比如，他说："春温夏暑，秋凉冬寒，人君无事，四时自然。"（《寒温》）这里所说的"自然"就有必然的意味；再如，他认为"河出图，洛出书"，乃"天道自然，故图书自成"（《自然》）。这里所说的"自然"就有偶然的意味。王充在当时坚持以自然的观念来解释一切现象，有助于破除神学目的论的观念。

2. 性与命

王充不仅以气的观念来解释天道，

▲ 王充

而且以气的观念来解释人道，后者主要体现在他对"性"与"命"的论述中。他说："人生受性则受命矣。性命俱禀，同时并得，非先禀性后乃受命也。"（《初禀》）

如前所言，王充认为，天地合气，物偶自生，人亦如是。在此，他进而认为，人在诞生之时，其性其命亦同时奠定。在王充那里，"性"这一概念主要关涉人性善恶问题的讨论，"命"主要涉及对生死吉凶、富贵贫贱等问题的讨论。

王充持有命论，同时也认为命可以被认知。"命甚易知，知之何用？用之骨体。人命禀于天，则有表候于体，察表候以知命"（《骨相》）。一个王朝的兴盛（国命）同样可以通过观察一些表征而得知："凡人禀贵命于天，必有吉验见于地。"（《吉验》）所谓的"贵命"，主要是指天子之命，在《吉验》篇中，王充列举了许多古今天子的情况给予论证。至此，王充完全由反对神学目的论的神秘主义走向了另一种神秘主义。

对比王充对"性"与"命"的论述，便会发现，他虽然认为"禀性受命，同一实也"（《本性》），但他却又认为性可改变，而命不可变更。这样一种悖论尤其体现在他的性命之辩中："夫性与命异，或性善而命凶，或性恶而命吉。"（《命义》）"故夫临事知愚，操行清浊，性与才也；仕宦贵贱，治产贫富，命与时也。命则不可勉，时则不可力。"（《命禄》）

在此，王充主要强调了"性"与"命"的差异，性之善恶可以改变，而命之吉凶富贵贫贱则不可变更。因此，行善未必得福，行恶也未必得祸；如果命吉，即便行恶也可得福。这里，其实涉及德与福的关系，可以说，王充的这种理论来源于他对经验现象中德福不一致的观察。

最后，王充虽然时常援引孔孟儒家言命之说，但他对"命"的理解与孔、孟所谓的"命"实际上存在很大的差距。首先，孔孟儒家言命，主要关心的是道之能否实行；而王充言"命"，更多关心的是个人的生死吉凶、富贵贫贱。其次，孔孟儒家言命，并不因此而否定主体的力量，儒家强调的是"知其不可而为之""不怨天，不尤人"的积极的人生观；王充信命，却容易导向"不须劳精苦形求索之也"的消极人生观。

3. "疾虚妄"的批判精神

王充在天道观上对神学目的论的批判、在人道观上对先秦以来人性理论的批判以及在知识论上对圣人"天性有知"和"神而先知"的批判，无不体现其强烈的批判精神。实际上，王充作《论衡》，便旨在"疾虚妄"。他谈到自己的写作意图：《诗》三百，一言以蔽之曰：思无邪。《论衡》篇以十数，亦一言也，曰：疾虚妄。（《佚文》）

对于当时泛滥成灾的伪书、俗传、虚妄之言、浮华之论，王充感到痛心疾首，无法容忍。于是，他写就《论衡》一书，用逻辑论证（"考之以心"），用事实检验（"效之以事"），务求使是非、然否、虚实、真伪得到正确的衡量。所以他说："《论衡》者，所以铨轻重之言，立真伪之平。"（《对作》）

通观《论衡》全书，确如王充自己所言，处处充满着"疾虚妄"的批判精神。比如《论衡》中的《问孔》《刺孟》《非韩》即是分别对《论语》《孟子》《韩非子》的批判。在孔子已被抬上"素王""元圣"的宝座以及《论语》已经成为"圣经"的时代，王充敢于指陈孔子之言行"上下多相违""前后多相伐"，无论其批评是否有理，都属难能可贵。王充还批评孟子所谓"五百年必有王者兴"是"信浮淫之言"；批评韩非子"明法尚功""贵耕战而贱儒生"的政治主张。此外，王充还撰写了"九虚""三增"十二篇文章，对天人感应的各种形式、道家成仙之术，以及各种典籍所载的虚妄之言、浮夸不实之事等等，作了相当精彩的批判。

总体上看，王充既继承和发扬了道家自然无为的观念，也在很大程度上受到儒学的影响，但他并不因此以孔子之是非为是非。王充这种引道人儒、儒道互补的思想观念及其批判精神，体现了独特的思想品格。

第三节　秦汉著名的哲学著作

■《淮南子》的哲学

西汉初期，通过进一步整合先秦各家而发展道家思想的另一部重要著作是《淮南子》。《淮南子》又名《淮南鸿烈》，由淮南王刘安聚集一批宾客撰写而成。刘安（公元前179—公元前122年），乃刘邦之孙，史载其"为人好读书鼓琴"，有文才。刘安编著此书的主要目的，是为汉帝国的治理提供方案。

《汉书·艺文志》将《淮南子》列为杂家类。然而通览全书，该书尽管思想驳杂，融贯儒、法、阴阳诸家，但主要内容是黄老道家思想。《淮南子·要略》篇称："若刘氏之书，观天地之象，通古今之事，权事而立制，度形而施宜。"这就是说，本书的宗旨就是要面向现实、应合事变。《要略》在介绍《原道训》时则称："欲一言而寤，则尊天而保真；欲再言而通，则贱物而贵身；欲参言而究，则外物而反情。"这就是说，

▲ 淮南王刘安

本书著作的目的还是要让人们回归道家所主的"保真""贵身""反情"的精神追求上。显然，《淮南子》的哲学思想与黄老学较为相近。

1."道始于虚霩"的宇宙论

《淮南子》承接与发展道家思想，更完整地建构起一套宇宙论体系。

《淮南子》依然以"道"为终极本原。《原道训》写道："夫道者，覆天载地，廓四方，柝八极，高不可际，深不可测，包裹天地，禀授无形。"

这是对"道"作为本原在时空与功能上的无限性的描述。本原的"道"是如何演化出天地万物的呢？《天文训》中作了较为详细的说明：

天地未形，冯冯翼翼，洞洞灟灟，故曰太昭。道始于虚霩，虚霩生宇宙，宇宙生气。气有涯垠，清阳者薄靡而为天，重浊者凝滞而为地。清妙之合专易，重浊之凝竭难。故天先成而地后定。天地之袭精为阴阳，阴阳之专精为四时，四时之散精为万物。

"道"作为本原（"太昭"），其本始状态是无边无尽的虚空；从虚空首先产生出宇宙，宇宙为有；进而由宇宙生气，由气而有质；而后元气经分化而生阴生阳，阴阳各自聚合而成天成地；阴阳之出入生四时，阴阳之散落为万物。人类亦是天地阴阳交合变化的产物。依《精神训》所说："烦气为虫，精气为人。是故精神天之有也，而骨骸者地之有也。"即是指人的精神由精气凝练而成，人的形骸由阴气集合而生。应当说，这一论断继承了先秦进步的形神关系学说，认为精神活动也是由气产生的，只是精致的气构成精神，粗糙的气构成身体。但这种把气（天）和人机械类比的说法，保存了一些神秘主义思想。

《天文训》一文进而引入"五行"与方位的观念，论说天地阴阳交合变化与"空间"的关联；《时则训》一文又引入《吕氏春秋》"十二纪"的观念，从一年四季十二个月的流转，进一步展现天地阴阳交合变化与"时间"的关联。把天地宇宙万物的发生发展，与时间与空间关联起来，从时间、空间的联系与差别，说明物类在性质与功能上的联系与差别，构成中国宇宙论的基本框架。必须指出的是，《淮南子》关于宇宙万物形成的学说，如"清阳者薄靡而为天，重浊者凝滞而为地"，阳为日，阴为月，阴阳化分为四时等，在近代科学出现以前，几乎成为我国古代公认的定论，也几乎与古代自然科学混而不分，它对古代哲学和自然科学，一直有着重要影响。

2."依道废智"的无为论

从这种宇宙论出发，国家社会的管治应如何进行呢？《淮南子》提出的基本原则是"依道废智"。《原道训》称："是故至人之治也，掩其聪明，灭其文章，依道废智，与民同出于公。约其所守，寡其所求，去其诱慕，除其嗜欲，损其思虑……是故圣人一度循轨，不变其宜，不易其常。放准循绳，曲因其当。"

"道"衍生天地万物的过程，是自然而然的，因此，依"道"为治，亦必须顺其自然，不可用"智"。"道"以虚无为体，因而，用"道"牧民，亦必须"约其所守，寡其所求"。

所谓"无为"，亦即国君不执定什么，不加任何一己之见，而一律以法为准绳，强调的是以一种相对客观的社会规范为基础的有为。应当说，《淮南子》主张的这种"无为"，不是真正意义上的无所作为，而是在法的度量下的一种因势利导的积极行为，它补充发展了老子的无为思想并赋予了新的含义。《淮南子》中蕴涵的治国主张与黄老学如出一辙，体现了汉初社会生活的现实需要和政治思想的基本特点。

3."体本抱神"的修真论

《淮南子》与汉初黄老学亦有不同之处，就是它从道家宇宙论引出了一套炼养身心的理论。依据道家以"道"为终极本原的宇宙论，人在身心的炼养上，自应当以"体道"为终极追求。那么如何才能"体道"呢？《淮南子》把得道之人称为"真人"。其达至的最高境界，是不处于矛盾对待之中，不落入生死变化之域，不为机心巧智所困扰，不受世间俗事所拘限，是一种"无为复朴""体本抱神"的境界。这种境界显然为一种纯精神境界，与庄子的追求相近。

但《淮南子》并没有把境界追求局限于精神的层面上。它已经顾及到形、神、气的关联性。如《原道训》称："夫形者，生之舍也；气者，生之充也；神者，生之制也。一失位则三者伤矣。是故圣人使人各处其位，守其职，而不得相干也。故夫形者非其所安也而处之则废，气不当其所充而用之则泄，神非其所宜而行之则昧。此三者，不可不慎守也。"

就有生命个体而言，形、气、神三者缺一不可，三者都要"慎守之"。这是对形神关系较为确切的表述，反映了朴素唯物主义认识论的思想要求。《淮南子》的作者们已不同于庄子，不再视形骸为精神追求的累赘。而如何"慎守"呢？《原道训》称："夫精神气志者，静而日充者以壮，燥而日耗者以老。是故圣人将养其神，和弱其气，灭夷其形，而与道沉浮俯仰。"

这是主张以"静"的方法"将养其神"。唯"静"才可以和平其气息，安定其形躯，而与道为一体。在神、气、形三者的修炼中，《淮南子》仍以养神为主，这又有别于东汉之后发展起来以"炼形"为目的的外丹道教神仙论。

总的来说，《淮南子》在融合各家思想的基础上，突出道家思想的理论价值和对现实生活的指导意义，反映了汉初意识形态的基本倾向和黄老学思想理论的基本特点，在继承和改造先秦道家思想的基础上，有了较大的理论提升。

《论六家之要指》的学术观

西汉前期,以道家黄老学为旨归对先秦"百家"思想予以总括的,还有史学家司马谈(?—公元前110年)和司马迁(约公元前145—公元前86年)父子。司马迁在《史记·太史公自序》中收录的司马谈《论六家之要指》,集中表达了他们父子的这种思想倾向。

1. 对先秦各家的判释

司马谈在《论六家之要指》中把先秦参与争鸣的"百家"判释为六家:阴阳家、儒家、墨家、名家、法家、道德家(即道家)。他指出,这六家用意均属"务为治者也,直所从言之异路,有省不省耳"。那么,六家之"省与不省",表现在哪里呢?

先看阴阳家。司马谈称:"尝窃观阴阳之术,大祥而众忌讳,使人拘而多所畏。然其序四时之大顺,不可失也。"

这是说,阴阳家的弊病在于吉凶禁忌太多,使人不知所措。但是春生夏长秋收冬藏,这是"天道之大经"。阴阳家主张因顺四时行事,却是不能有错失的。

次看儒家。司马谈称:"儒者博而寡要,劳而少功,是以其事难尽从。然其序君臣父子之礼,列夫妇长幼之别,不可易也。"

这是说,儒家推崇的经传太繁琐,礼节太复杂,难以一一习行。但是,君臣父子之礼,夫妇长幼之别,是社会生活所必需的,儒家在这方面的主张,即便是别的学派也不可以不认同。

次看墨家。司马谈称:"墨者俭而难遵,是以其事不可遍循。然其强本节用,不可废也。"

这是说,墨家力主俭朴,提倡"节葬""非乐",世人难以遵从。但是其"强本节用"的主张,有利于社会的发展,则又是不可废弃的。

再看法家。司马谈称："法家严而少恩；然其正君臣上下之分，不可改矣。"

这是说，"法家不别亲疏，不殊贵贱，一断于法"，这种"严而少恩"的做法，不可多用。但是它强调的尊主卑臣、各守职分这一方面，还是不可改变的。

再说名家。司马谈称："名家使人俭而善失真；然其正名实，不可不察也。"

这显然是说，名家玩弄名词概念的辨识，令人无法捕捉到事物的本来面目。但是它制名以指实的导向，也是很有意义的。

据以上可知，司马谈对先秦百家争鸣中最主要的五个学派在"务为治"上的不足与长处一一做了评论，从评论中可以看到，司马谈同样有致力于整合各家思想的倾向。而整合的归旨，则为道家（道德家）。

2. 对道家的推崇

司马谈在谈及阴阳、儒、墨、法、名各家的不足与长处之后，对道家作了评论。他写道：

"道家使人精神专一，动合无形，赡足万物。其为术也，因阴阳之大顺，采儒、墨之善，撮名法之要，与时迁移，应物变化，立俗施事，无所不宜，指约而易操，事少而功多……道家无为，又曰无不为，其实易行，其辞难知。其术以虚无为本，以因循为用。无成势，无常形，故能究万物之情。不为物先，不为物后，故能为万物主。有法无法，因时为业；有度无度，因物与合。故曰：圣人不朽，时变是守。虚者，道之常也；因者，君之纲也。群臣并至，使各自明也。"

司马谈认为，六家中唯独道家兼备各家长处而没有各家的缺点，所以是最完美的。道家的基本观念是什么呢？他概述说：道家是讲无、无为的("其术以虚无为本")。所谓无、无为,是指不执定任何东西("无成势,无常形");因为道家不执定任何东西,故也就可以容纳一切东西("故能究万物之情")。既然可以容纳一切东西,自亦可以顺随任何东西的变化("与时迁移,应物变化"),因顺任何变化为我所用("以因循为用")。作为君主,其为治之要,便亦当不执定一己之见,而应让群臣各自效力,发挥其作用。显然,司马谈这里对道家的界说,也同样融会了汉初掺和法家思想的黄老学,体现了满足社会需要的理论综合与创新的时代特征。

■ 谶纬思潮与《白虎通义》

今文经既已被确定为官学,今文经学家又以开显五经的微言大义为宗旨,则其流于神秘主义乃至神学迷信就不可避免。西汉末年,随着社会矛盾的尖锐和社会危机的加重,封建统治难以维持,以董仲舒的天人感应思想为代表的官方经学,与当时社会流行的谶纬迷信结合起来而形成的神学思潮,弥漫整个东汉一代。由班固汇集,经东汉章帝钦定的《白虎通义》集中表现了把中央集权的政治统治予以神圣化的意图,标志着经学神学化和神学经学化的最终完成。

1. 谶纬思潮与神秘主义的泛滥

依《四库全书总目提要·易类》的提法:"谶者,诡为隐语,预决吉凶。《史记·秦本纪》称卢生奏录图书之语,是其始也。纬者,经之支流,衍及旁义……如伏生《尚

▲ 皇帝玉玺

书大传》、董仲舒《春秋阴阳》，核其文体，即是纬书。"这就是说，"谶"为一种带有神秘色彩的预言，在秦始皇时期已发其端。"纬"则是用各种神秘方式解释儒家经典的文字，伏生、董仲舒的著述风格已属纬书。显然，无论是"谶"或是"纬"，都具有神秘主义色彩。整个思潮实际上由董仲舒带起，而流行于两汉之间。董仲舒的天人感应学说，无疑是谶纬神学的理论基础。其哲学思想中屡屡提及的天降符瑞、天降灾异的说法，实际已具图谶色彩。所以后来论及谶纬的起源时，人们往往把董仲舒当做先师。由此可见，董仲舒实为使儒学走向谶纬神学的第一人。

谶纬神学的广泛流行，则在西汉末年。汉成帝之后，社会矛盾尖锐，政治斗争激烈，尤其是在王莽篡汉与"光武中兴"的时代，谶纬成了政治斗争的工具，谶语纬书纷纷出笼，二者亦日益合流。王莽有意取代汉朝，一位名叫哀章的方士献上铜柜所装的"谶语"，称"赤帝行玺某传予黄帝金策书"（《汉书·王莽传》），意谓汉高祖（赤帝）已诏告把汉家天下让给黄帝后裔王莽。王莽由是受禅建立新朝。不久，刘秀也得符谶称："刘秀发兵捕不道，卯金修德为天子"。"卯金"为"劉"这一繁体字的一部分。谶语预示着刘姓将重新夺回政权。于是刘秀以此为号召，发动起义推翻王莽新朝。刘秀重建汉朝（东汉）后，更"宣布图谶于天下"（《后汉书·光武帝纪》），正式把谶纬神学定位官方哲学。谶纬迷信终于大肆泛滥。

儒学向信仰方向的流变，至谶纬思潮被推到了极点。

2.《白虎通义》与思想统治的强化

谶纬的盛行反映了汉代经学神学化、神学经学化的发展趋势。东汉建初四年（公元79年）编成的《白虎议奏》，后来被系统化为《白虎通义》一书，作为皇帝钦定的神学法典颁行全国。《白虎通义》不仅有取于今文经学与古文经学，而且对谶纬之学多所吸纳。

《白虎通义》涉及的范围非常广泛，涵盖了政治、思想、礼俗等多个层面。但与董仲舒比较，如果说后者总体上还是人文理想的，那么，前者就带有更强烈的政治色彩了。

《天地》篇称：天者，何也？天之为言镇也。居高理下，为人镇也。地者，元气之所生，万物之祖也。这显然就更强调天的至高无上的地位。而"王者父天母地，为天之子也"（《白虎通义·爵》）。故强调天的至上地位，实际上也就是强调君权的至上性。《白虎通义》特别热衷于宣传三纲、六纪等封建伦理教条，如《三纲六纪》篇称：三纲者，何谓也？谓君臣、父子、夫妇也。六纪者，谓诸父、兄弟、族人、诸舅、师长、朋友也。故《含文嘉》曰："君为臣纲，父为子纲，夫为妻纲。"又曰："敬诸父兄，六纪道行，诸舅有义，族人有序，昆弟有亲，师长有尊，朋友有旧。"

这是凭借宇宙论的观念进一步规范人伦关系的基本准则。这些准则依"阳得阴而成，阴得阳而序"的解说，虽然也顾及双方的互补性，但总体上却是更凸显君、父、夫一方的宰制性。

《白虎通义》又论及"性情"。《性情》篇称：

"性情者，何谓也？性者阳之施，情者阴之化也。人禀阴阳气而生，故内怀五性六情。

"五性者何谓？仁义礼智信也。仁者，不忍也，施生爱人也；义者，宜也，断决得中也；礼者，履也，履道成文也；智者，知也，独见前闻，不惑于事，见微知著也；信者，诚也，专一不移也。故人生而应八卦之体，得五气以为常，仁义礼智信也。六情者，何谓也？喜怒哀乐爱恶，谓六情，所以扶成五性。"

这些提法无疑亦近于董仲舒，以为性与情、仁与贪，由阳与阴二气给定。但董仲舒以"中民"论"性",意在强调教化的作用。《白虎通义》的性情给定说,则更加凸显了等级统治的既定性。

总之,《白虎通义》融合今、古文经学与谶纬迷信于一体,用阴阳五行来普遍地解释世界的一切事物,使阴阳五行成了人们认识与解释世界的"万能钥匙",成为一种思维定式,产生了深远的影响。它所阐发的以"三纲六纪"为基础的伦理价值,也使得汉代经学所蕴涵的礼学思想及其制度规范得到进一步落实。不过,《白虎通义》所做的经学神学化、神学经学化,对学术的更新、思想的解放无疑也是一种致命的桎梏,它实际上宣告了汉代经学的衰落。

拓展阅读

桓谭的"人死如烛灭"说

桓谭(约公元前23—公元前56年),安徽宿县人。两汉之际的唯物主义哲学家。在中国哲学史上对形神关系作了著名的唯物主义解释。他以"烛火喻形神"的重要命题来论证形亡而神灭的观点。

(1)桓谭说:"精神居形体,犹火之燃烛矣。"(《新论·形神》)精神存在于形体里面,非在形体外,精神依赖于形体,形体对精神起决定作用,正如火不能离开蜡烛一样。在形神关系中,精神离不开形体而独立存在。

(2)"烛无,火亦不能独行于空虚,又不能后燃其她"(《新论·形神》)。她,烛燃过的灰烬。蜡烛烧完了,火也熄灭了,形存神在,形毁神灭。

(3)"她犹人之耆也,齿堕发白,肌肉枯腊,而精神弗为之能润泽,内外周遍,则气索而死,如火烛之俱尽矣"(《新论·形神》)。人老则形体干枯,精神就逐步随形体干枯而衰退。当人气绝而死时,精神和形体同时俱灭了,正如烛和火俱灭一样。

第四章
魏晋南北朝哲学思想

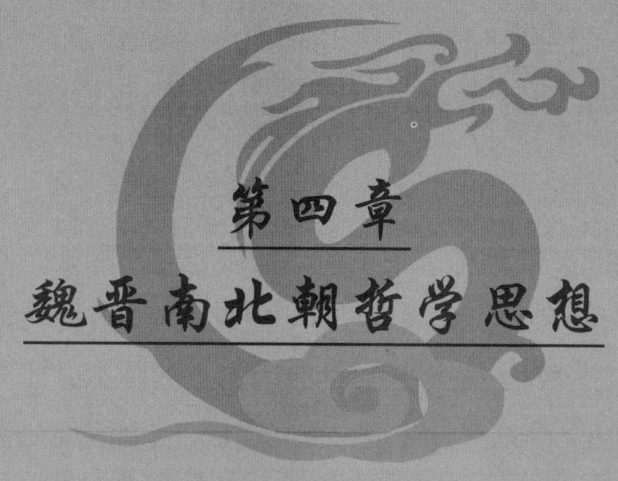

　　魏晋南北朝时期，主要指从东汉末年到隋王朝建立之前的一段长达369年的动荡时期，这一时期的哲学思想不仅复杂，而且非常活跃。在此期间就产生了玄学、佛学、道教为主的哲学思潮，三者之间相对独立，又互相影响。

第一节　魏晋南北朝哲学入门

■ **魏晋南北朝玄学的兴起**

　　黄巾农民起义推翻了东汉王朝，但接着而来的是军阀混战和封建割据。自公元220年曹丕建魏代汉起，中经三国、两晋、南北朝的对峙，至公元589年北周的杨坚派兵渡江攻灭南方的陈朝，建立统一的隋王朝止，其间经历了369年，这是一个立国众多、朝代更迭频繁的乱世。

　　这个乱世时代，在社会政治状况和意识形态发展上有两个特点：一是门阀士族集团的残酷专政促使阶级斗争、社会矛盾更趋激化；二是"名教"陷入危机，导致政治思想上"名教"与"自然"的矛盾突出，从而给这一时期的哲学思想打上深刻的烙印。魏晋玄学的兴起、道教的形成、以及佛教思想的传入和兴盛，都与此密切相关。汉代的儒学独尊为儒、道、释的并列、纷争局面所取代。

　　当然，魏晋玄学的兴起和士大夫阶层中清谈风气的盛行以及自然科学发展对理论思维的促进也密切有关。用清谈的形式讲玄学问题，是玄学家以逃避现实的方法议论现实问题的手段。魏晋时期党争激烈，政局恐怖，说话不当心就有杀头的危险。那些不愿和当权者合作的人，就清谈远离现实的抽象道理，既可明哲保身，又可隐议时政。由于清谈，玄学家们一般都不问系统师门，甚至不论长幼辈份，均可自由探讨、驳论，常常有"通"（正面解释发挥理义）、有难（发难诘问）、有胜（驳倒对方）、有屈（辩论失败），这有助于摆脱传统的陈言和繁琐的诠释，比较细密地深入思考，独标新解，给人以理论上的清新感，进而促进了汉末以来"辩名析理"思潮的发展。所以王弼曾说："夫不能辩名，则不可与言理；不能定名，则不可与论实。"（《老子指略》）实际是用当时流行的名理方法构制他的玄学体系。

魏晋玄学的兴起，标志着哲学发展已进入一个新的阶段。

在本体论上，魏晋玄学突出了"有无（动静）"之辩。"有"，即现实世界的实有，包括社会人事上的"名教"制度，具有运动可变的属性；"无"，即自然之"道"，是静寂虚无的本体。何晏、王弼从"有无（动静）"之辩考察道物关系，侧重于"贵无""贱有"，提出贵无论哲学，为玄学发展的第一期。以后裴頠鉴于"贵无""贱有"易导致背离"名教"的偏向，故肯定"有自生"，"无"只是"有之所谓遗者"（《崇有论》），倡崇有之论，重新阐发"有无（动静）"之辩，导致玄学发展进入第二期。东晋的郭象则融合"贵无""崇有"两说，提出"有而无之"的"独化"说，这是玄学发展的第三期。

在认识论上，王弼提出"得意忘言"，欧阳建则论证"言尽意"，

▲ 魏晋时期的士大夫

使由汉末辩析名理思潮发展而来的"名实"之辩演变为"言意"之辩，成为又一个哲学论争的焦点。

同时，汉代盛行的"天人"之辩，进入魏晋后在玄学的清洗下不断淡化了其中"天人感应"的神学色彩，加强了理性思辩，又贯彻于对社会历史发展、人性（命运）问题的考察，展开了对"命"与"遇"（必然和偶然）、"命"与"力"（天命与人力）关系问题的探讨，力命之争在哲学上得到展开。到了南北朝时期，随着玄学的衰落和佛教的兴盛，反佛斗争也有了发展，并在理论上展开了"神灭"与"神不灭"的争论，这就促使长期存在的形神之辩有了深入的发展，最后在南朝梁的范缜那里得到了比较全面的总结。

■ 道教的产生与经典

道教是我国本土诞生的一种宗教，其思想源于古代原始的巫术和战国时方士们创立的神仙说。所谓方士，即方术文士，发端于战国燕、齐沿海地区。他们炼丹求仙，探寻长生不死的方法。后来与阴阳五行理论相结合，形成一派学说，称作神仙家。神仙家在秦汉时期十分盛行。据《史记》载，秦始皇灭六国之后，"齐人徐市等上书，言海中有三神仙，名曰蓬莱、方丈、瀛洲，僊（音仙）人居之，请得斋戒，与童男女求之。于是遣徐市发童男女数千人，入海求僊人"（《史记·秦始皇本纪》）。求仙的目的自然是为了寻找长生不死之药。西汉淮南王刘安召纳的数千宾客中，有不少方术之士，他们所著的《淮南子中篇》八卷，就是专门讨论如何炼丹成仙的。东汉时期，道教的各种不同派别相继形成。

道教最早的经典是《太平经》，又名《太平清领书》。相传东汉顺帝时（公元126—公元144年），琅邪人于吉在曲阳得神书170卷，"其言以阴阳五行为家，而多巫觋（音习，指男巫）杂语"（《后汉书·襄楷传》)。于吉弟子曾将此书呈给朝廷，未受重视，后来张道陵、张角就以此书为根据，创立了影响巨大的早期道教组织"五斗米道"和"太平道"。

《太平经》分甲、乙、丙、丁、戊、己、庚、辛、壬、癸10部，每部17卷，共计170卷，366篇，每篇皆有标题，末附篇旨，总摄大意。

其主要内容可分以下四方面：

1. "太平世道"的社会政治思想。

《太平经》以"太平"作为书名，有其解释："太者，大也。乃言其积大行如天，凡事大也，无复大于天者也。平者，乃言其治太平均，凡事悉理，无复奸私也。"(《太平经》)其所要表达的无非是没有灾荒、没有病痛、没有战争的理想世界以及皇帝贤明、臣子一心为公、人们能够吃饱穿暖，过上幸福生活的太平世道。主张皇帝应该多施行德政，废除残酷的刑罚、治国国家的时候应该顺其自然就好。它将皇帝分为五种类型，分别为：上君、中君、下君、乱君及凶败之君。《太平经》认为皇帝作为最高统治者，只有具备良好的德行、心存善念，为老百姓真正做实事，才能使天下太平，获得老百姓的支持与拥戴。另外，《太平经》还认为"三气悉善"，即圣明的皇帝、贤良的臣子以及顺服的老百姓是太平盛世的三个主要条件。

2. "奉天地顺五行"的神学思想。

据《太平经》记载称"天者，乃道之真，道之纲，道之信，道之所因缘而行也。地者，乃德之长，德之纪，

▲ 道士炼丹炉

德之所因缘而止也"。告诫信道者要"奉天地，法天道，得天心，顺天意。天可顺不可违，顺之则吉昌，逆之则危亡。帝王为天之贵子，尤其要顺承天道；顺天地者，其治长久，否则，当遭天罚"。"天人感应"是《太平经》的基本理论依据之一。天人之感应，表现为自然界之变异灾祥，"王者行道，天地喜悦；失道，天地为灾异"。灾异乃天警告人君之"天谏"，若不听从，必降重殃。阴阳五行说是《太平经》的主要理论基础，它认为："阴阳五行体现天道之理则，恒常不变，人须绝对顺从，不可失其道。阳安即万物自生，阴安即万物自成。阴阳之关系可互生互变，阴极生阳，阳极生阴，阴阳相得，道乃可行。"

3. 善恶报应思想与承负说

唐朝末年的道士闾丘方远曾注解《太平经》时说道："《太平经》谓天地及人身中皆有众多之神，受天所使，鉴人善恶，掌人命籍。善自命长，恶自命短。""对人之善恶，天皆谴神记录在簿，过无大小，天皆知之。天赏罚分明，行善者可得天年，如有大功，可增命益年；若作恶不止，则减其寿命，不得天年；或使凶神鬼物入其身中，使其致病。"善恶的标准，最重要的是孝、忠。"行孝者可被荐举，现世荣贵，天佑神敬，乃至白日可以升天，不忠不孝者，罪不容诛，天地鬼神皆恶之，令其凶夭，魂魄受考"。《太平经》还提出"承负"说。所谓承负，"承者，乃谓先人本承天心而行，小小失之，不自知，用日积久，相聚为多，今后生人反无辜蒙其过谪，连传被其灾，故前为承，后为负也""负者，乃先人负于后生者也"。意即为善可遗福子孙，作恶将遗祸后人。承负的范围是："承负前五代，流及后五代。如能行大功，可避免先人的余殃。"《太平经》认为，国家政治，也相承负。

4. 长寿、成仙、祈禳、治病诸方术

《太平经》认为"天地之间，寿最为善，积德行善，为长寿长天

之要道。"人的姓名需要"神"与"气"相结合，即精神和形体相结合，长命百岁并不难做到。除此之外，还有"食气群谷、胎息养形、守静存神、存思致神"等仙道方术，以及"尸解"和"白日升天"两种成仙形式。《太平经》记载的符咒"祈禳诸方术有二卜占决吉凶，神咒以使神，佩和吞神符以避邪治病，叩头解过，依星宿而推禄命"等。《太平经》还载有"炙刺、生物方、草木方"等治病方术。

《太平经》作为早期道教的重要典籍之一，其中囊括的社会政治思想、教理、教义以及方术等对道教的发展具有深远的影响。

佛教在中国的传播

佛教诞生于印度。创始人是悉达多，族姓为乔达摩。悉达多原文字意是"达到目的人"。传说他生于迦毗罗卫城（今在尼泊尔境内），是净饭王的太子，生活的年代大约在公元前6—公元前5世纪之间，与我国孔子大体同时。他29岁时弃太子位离家出走，后来创立佛教，佛教徒尊称他为释迦牟尼，释迦为族名，牟尼是"贤人"的意思。佛和佛陀也是对他的尊称，意为觉悟之人。他一生主要在印度北部和中部传教。

佛教传入中国的时间，历来说法不一。现在一般认为，西汉武帝通西域之后，中国人开始知道佛教。西汉末年，佛教经由西域传入中国境内。当时许多人认为它与中国的方士之术、黄老之学相近，故未予重视，并受到一些限制，东汉政府曾制订法律，不准中国人出家为僧。但是，随着佛经译成汉文的数量不断增大，佛教在中国的影响日益扩展。三国以后，更有不少中国人陆续去西域求学译经，佛教势力在内地迅速发展起来。而封建统治阶级出于加强对人民群众精神奴役的需要，开始转而利用佛教。

魏晋南北朝时期，我国民族矛盾和阶级矛盾空前尖锐，全国四分五裂。各民族统治集团之间，统治阶级内部，为了争夺领土权势，互相残杀，广大民众生活极端困苦，处于水深火热之中。"民不堪命"（《晋书》卷六十四），"人人厌苦，家家思乱"（《通鉴·梁纪》）。南朝二百余年，五易王朝，平均不到十年就有一次相当大规模的农民起义。这使统治者们也有朝不保夕、前程未卜之感。在这种社会条件下，人们普遍需要精神安慰和寄托，而佛教善于把粗俗的宗教迷信和精巧的哲学思辨相结合，正好适应了这一需要，成为了统治阶级麻醉人民、也麻醉自己的理想工具。

▲ 南北朝时期的佛像

北魏时，孝文帝大力提倡佛教，到处兴建寺院，开凿石窟，共达三万余处。寺院占有大量土地，成为一派不可低估的势力。北齐、北周时，北方人口不足三千万，僧众却有三百万。东晋南朝，佛教更是泛滥成灾，无数寺院侵占大量田宅财产，享有免税免役特权，成为一个特殊的封建主集团。梁武帝萧衍笃信佛，本人就是一个佛学理论家。他说："道有九十六种，唯佛一道，是为正道；其余九十五道，皆是外道。联合外道，以事如来。"他于天监三年（公元504年）正式宣布佛教为国教。梁武帝自己曾三次舍身去寺院充当杂役，以表示对佛教的虔诚，然后又由众臣花费巨资将他从寺院中赎回。当时首都建康僧众达十多万人，许多人制造寺院荫庇，以求免去税役，人数竟占国家户籍之半。这时的佛教势力在中国达到了鼎盛。

佛教教义认为，现实世界的一切存在都是虚幻的，所以不应为生活中的任何得失而烦恼，人们只要能在精神上获得解脱，就可以跳出"苦海"，达到佛教的最高境界——涅磐，其意思是"寂灭"所有烦恼和"圆满"一切"清净功德"，这又称"圆寂"。佛教公开宣传人生中充满痛苦，而如何脱离生命之苦，正是它所要解决的根本问题。佛教提出的这个问题对广大群众十分现实，其虚幻的解决方法却对维护地主阶级的统治有利。因此，在魏晋南北朝时期，佛教对社会各阶层都产生了强大的吸引力。

释迦牟尼逝世后，印度佛教分裂为"上座"和"大众"两部。后来由大众部演化出大乘佛教，对教义进行了理论翻新，使其更富于哲学思辨，而固守原始教义的各宗派被称为小乘佛教。汉魏以来，大乘、小乘一起传入中国，并与中国固有文化逐渐融合。大乘教以《般若经》为依据，在中国内地传播受到玄学的影响，后来与玄学合流，最后代替了玄学。

第二节 魏晋南北朝的著名哲学家

■ 寇谦之

寇谦之（？—公元448年），北朝道教的重要代表人物。他继承葛洪改变原始道教的宗旨，创立"新"道教。他著有《云中音诵新科之诫》等书。寇谦之建立新道教的基本内容是：

1. 反对原始道教

寇谦之要求除去"三张伪法"，所反对的"三张"是指张角、张宝、张梁，也指张陵、张衡、张鲁。因为在寇谦之看来，张陵等创立的原始道教已被张角等人所利用，成为造反的工具，提出废除原始道教中的"租米钱税制度"和"男女合气之术"，将道教的主要内容放在"专以礼度为首，而加之以服食闭练。"

他承袭葛洪的道教思想，注重内丹、外丹的修炼和道教礼仪制度的建立。当时北魏社会较为安定。寇谦之为司徒崔浩所信任，并推荐给魏太武帝。他们都想用宗教来实现改革政治的理想。《魏书·卢玄传》说："（崔）浩大欲齐整人伦，分明姓族。"寇谦之也企图"兼修儒礼，辅助泰平真君，继千载之绝统"。

他主张把道教定为同教，建立一个政教合一的同家。魏太武帝听从他们的意见，亲自到道坛受符箓。寇谦之利用政治力量传播道教，以儒家礼法为道教的内容，以佛教的戒律为其形式，把宗教戒律宣布为法律的信条。他的《云中音诵新科之诫》实是道教的国家法典，它用宗教戒律来补充国家法令。这样的戒律，既有强制的作用又有信仰的作用，并把强制的作用建立在信仰的基础上。今本《道藏》中的《老君音诵诫经》，就是《释老志》中所说的《云中音诵新科之诫》。其中的戒律多是为了巩固封建伦常等级制度，再掺杂以道教的"修身成仙之术"而成的。

▲ 寇谦之

寇谦之吸收儒家、佛家的思想制度"革新"天师道。建设新道教后，开始与佛教相互攻击，道教攻佛的理由之一是华夷之辨，寇谦之和崔浩企图通过排佛活动来巩固汉族豪门大族的统治地位。公元446年魏太武帝在崔浩、寇谦之的劝说下灭佛，力图亲汉不亲"胡"。

2. 注重"中和"

寇谦之的新道教虽有道教的形式，但吸取了儒家的礼法、佛教的戒律和以老庄思想为中心的玄学理论。寇谦之还把道教的"道"和儒家的"中和"思想结合起来。他说："道以中和为德，以不和相克。是以天地合和，万物萌生，华英成熟；国家合和，天下太平，百姓安宁；室家合和，父慈子孝，天垂福庆。"（《正一法文天师教诫科经》），这一中和思想与《中庸》所言"致中和，天地正，万物育"的思想非常相似。由此足见道教对于儒家思想的吸收和融会。

3. 吸收佛教的轮回思想

道教本来注重肉体成仙，没有系统的生死轮回思想体系。但寇谦之却把与道教养生理论矛盾的轮回思想引入道教，给他的新道教增加了一些新内容。寇谦之认为前世对今世的修炼很有影响。《太上老君诫经》说:"本得无失,谓前身过去已得此戒,故于今身而无失也。"他又说:"生死轮回,无闻无见。"这些思想都来源于佛教。对于作恶之人,"死入地狱,若转轮精魂虫畜猪羊,而生尝罪难毕"(《老君音诵诫经》)。他还主张只靠炼形养生不一定能成仙,成仙的首要条件是积有善功。这些主张是对道教教义的扩展和深化,对道教和佛教在生死形神问题上的矛盾进行调和。

■ 嵇康

王弼试图通过化当然为自然而重振名教。但是,对自然的强调,又蕴含着超越当然的可能性。在嵇康那里,这种超越便由可能转化为现实。

嵇康(公元224—公元263年),字叔夜,谯国铚(今安徽宿县西南)人。据《魏志·王卫二刘传》裴注引嵇喜所作传,康"长而好老庄之业,恬静无欲。性好服食,尝采御上药。善属文论,弹琴咏诗,自足于怀抱之中"。嵇康与魏宗室通婚,做过中散大夫。反对篡夺曹魏政权的司马氏集团,菲薄礼法,排斥六经。后因钟会等人的谮言为司马昭所杀。临刑前,神色自若,索琴奏《广陵散》。著作有《嵇康集》。

▲ 嵇康

在名教与自然之辩这一时代主题上,嵇康强调法自然,主张"推类辨物,当先求之自然之理"。不过,与何晏、王弼不同的是,嵇康对自然原则作了新的引申,在《难自然好学论》中，嵇康写道："六经以抑引为主，人性以从欲为欢，抑引则违其愿，从欲则得自然；然则自然之得，不由抑引之六经，全性之本，不须犯情之礼律。"

这里的从欲，并非放纵人欲。嵇康对人欲持谨慎的态度："嗜欲虽出于人，而非道之正。"从欲乃是指合乎内在的意愿。"违其愿"是反自然的，唯有尊重人的内在意愿，才真正体现自然的原则。这样，自然原则就与自愿原则沟通起来了。在嵇康看来，与主体的内在意愿相融合的自然已经逸出当然（名教）。因此，自然的实现不能依靠压抑内在意愿的礼法名教，后者乃是对主体的束缚。嵇康进而认为："造立仁义，以婴其心；制其名分，以检其外。"在这里，问题的实质已不是名教脱离自然走向虚伪化，而在于名教本身便是自然的否定：它以内在的仁义和外在的名分对人进行双重的束缚。

名教与自然不可两立，而自然又是合乎人性的唯一原则，所以，必须超越名教。为此，嵇康明确提出了"越名教而任自然"的主张。从化当然（名教）为自然，到越名教而任自然，玄学的发展由完善名教走向了拒斥名教。

嵇康反对司马氏所倡导的名教，对当权者采取了不合作的态度。他或者与竹林好友欢聚纵酒、啸傲弹琴；或者避居山阳，以锻铁为生，自得其乐。他不仅自己远离政治，而且也反对朋友出卖自我、干禄从政。他的朋友、"竹林七贤"之一的山涛（字巨源）从吏部郎的职位上升迁，向当权者推荐嵇康来继任吏部郎。嵇康得知此事，写了《与山巨源绝交书》一信，公开表示与他绝交。在信中，嵇康直言不愿从政的原因有"必不堪者七，甚不可者二"，表面上似乎是解释自己在生活习惯和性格喜好上与政治的不相谐之处，实质上则是巧妙地表达了他对当时的礼教和政治的嘲讽与厌恶。尤其是他提出了"轻贱唐虞而笑大禹""非汤武而薄周孔"的大胆主张,矛头所向,直指名教的核心和司马氏的统治。

正因为如此,嵇康一直深为司马氏所忌。尽管他自言志向不过是"守陋巷,教养子孙,时与亲旧叙阔,陈说平生。浊酒一杯,弹琴一曲,志愿毕矣"(《与山巨源绝交书》)。但就是这么简单的愿望对他来说也成了奢望。可以说,他的思想和性格决定了他的悲剧性命运。

钟会在嵇康之死中扮演了一个不光彩的角色。钟会也是当时的名士,投靠司马氏集团,位高权重,春风得意。一天,钟会轻裘肥马,宾从如云,来到山阳寻访嵇康,欲借以自重。嵇康正在锻铁,对之不理不睬,如若无人,继续打铁,弄得钟会大失颜面。钟会等人悻悻然欲去之际,嵇康突然发语问道:"何所闻而来?何所见而去?"钟会也算机灵,回答道:"闻所闻而来,见所见而去!"含恨离去。后来,钟会揣摩主子司马昭的心意,借机陷害嵇康,将其下狱。接着,钟会又落井下石,向主子奏了一本,说嵇康"上不臣天子,下不事王侯,轻时傲世,不为物用,无益于今,有败于俗……今不诛康,无以清洁王道"。正中司马昭下怀,就这样下令处死嵇康。当时三千太学生齐拜嵇康为师,请求赦免嵇康。司马昭不许。临刑前,嵇康神色自若,弹奏《广陵散》一曲。曲罢摔琴,从容赴死,时年四十岁。

嵇康之死是一个哲学家的死亡。可以说,嵇康正是用他的生命和死亡体证了魏晋玄学的精神。

■ 裴頠

裴頠(公元267—公元300年),字逸民,河东闻喜(今山西闻喜县)人。其父为著名学者裴秀。裴頠是晋朝的政治家、玄学家、地理学家和医学家,后为赵王司马伦所杀,年仅34岁。其著作流传下来的仅有《崇有论》一篇，保留在《晋书·裴頠传》中。

裴頠生活的时代，玄学历经"正始玄学"和"竹林玄学"的发展之后，热衷"贵无"、追求"自然"、非毁"名教"成为时尚。裴頠对此非常不满，于是撰《崇有论》为名教礼制作辩护。《晋书·裴頠传》说："頠深患时俗放荡，不尊儒术，何晏、阮籍素有高名于世，口谈浮虚，不遵礼法，尸禄耽宠，仕不事事。至王衍之徒，声誉太盛，位高势重，不以物务自婴，遂相放效，风教陵迟，乃著《崇有》之论以释其蔽。"裴頠以为何晏、阮籍等"口谈浮虚""仕不事事"，王衍等"位高势重""不以物务自婴"，是极不负责的人生态度。他目睹了礼制凌夷、风俗放佚的现状，借建立"崇有"之论，从形上学的高度来维护名教以挽救时风。

在《崇有论》中，裴頠表达出"有"是世界本原的观点。他说："夫总混群本，宗极之道也。方以族异，庶类之品也。形象著分，有生之体也；化感错综，理迹之原也……是以生而可寻，所谓理也；理之所体，所谓有也。"（《晋书·裴頠传》引《崇有论》）裴頠认为，"宗极之道"统括混融万有。而万有则可以区分为众多的物类，这些物类有形有象、相互区别，共同构成为天地生化的实体。万有错综感应、生生化化，但其感应生化有形迹脉络可寻，这就是"理"，"理"所依存的仍然是"有"。在裴頠看来，作为世界根本的"道"就是万有自身，"道"无非是指万有的总和，离开万有也就没有"道"。这就从世界的统一问题上否定了王弼"以无为本"的观点。

王弼"以无为本"的本体论有一个重要观点，即万有都有具体规定性、有限性，因而能使万物成为万物的必然是没有任何具体规定性的"无"。裴頠也清楚认识到："夫品而为族，则所禀者偏。"（《崇有论》）就是说，众多具体的物类都是有限的、难以自足的。但是，裴頠并没有把万有的本体推至"无",而是认为"偏无自足,故凭乎外资",即万有需要凭借各种条件相互支持才得以存在和发展,但所借资的条件也还是"有"。他说:"有之所须,所谓资也。资有攸合,所谓宜也。择乎厥宜,所谓情也。"(同上)这就是说,自然万物与人类社会都需要凭借各种条件。各种条件合适,就叫做"宜"。人们选择合适、合宜的条件以成就自身和社会,这叫做"情"。这是很自然的道理,但"贵无""贱有"之论由于忽视"有""资""宜""情",所以流弊甚大。他从维护名教礼法的角度批判"贱有"的观念,说:"贱有则必外形,外形则必遗制,遗制则必忽防,忽防则必忘礼。礼制弗存,则无以为政矣。"(同上)可以说,由王弼开启的贬落"名教"、舍弃经验世界与经验事物的玄学取向,在现实社会中流弊明显,裴頠的"崇有"哲学正是对王弼"贵无"哲学的一种理论反拨与纠正。

裴頠"崇有"哲学主张宇宙世界以"有"为本体,那么何以有"有"呢?他认为,万有不可能从绝对的"无"产生出来,万有只能是"自生"的。他说:"夫至无者无以能生,故始生者自生也。自生而必体有,则有遗而生亏矣。生以有为己分,则虚无是有之所谓遗者也。故养既化之有,非无用之所能全也;理既有之众,非无为之所能循也……由此而观,济有者皆有也,虚无奚益于已有之群生哉!"(《崇有论》)在裴頠看来,王弼等人所说的"至无"没有任何具体的内容、属性、规定性,这个毫无规定性的"至无"是不可能产生出具体万有的。万有、万物之所以能够"产生",是因为在起始处便是自我生成的。自我生成自当是以"有"生"有",以"有"为本体。万物的生成既以"有"作为自己的本体,则虚无就是"有"的缺失。这样,裴頠就从万物"自生"的立场封堵了王弼"有生于无"的观点。"无"也是依赖于"有"才成为"无"的,"虚无"对于群生有何意义呢?

总的来说，裴頠以"崇有论"为当时名教礼制和社会等级体制作出辩护，并试图从玄学内部批判王弼"贵无论"的流弊，这无疑丰富了玄学的内容和义涵。裴頠"崇有论"具有朴素的唯物主义立场，但是有关他的思想资料多已散佚，而且他的思想在理论上也未能充分展开，所以他在玄学上的影响力远不及王弼、郭象二人。

欧阳建

欧阳建（约公元267—公元300年），字坚石，渤海南皮（今河北南皮东北）人。论著保存下来的有《言尽意论》（收于《艺文类聚》和严可均辑《全晋文》）。

《言尽意论》以雷同君子为"言不尽意"说的支持者，而违众先生为"言尽意"说的倡导者。两说之争，起于人物识鉴。曹魏时期，无论是认为观眸子可以知人的蒋济，还是辩论才性异同的钟会、傅嘏，都主张"言不尽意"。在此，欧阳建借"违众先生"之口，从形与名、理与名的关系上揭示了"言不尽意"的理论根据：就形名而言，以形为本，名出于形，而形不待名，名于形无所施；就名理而言，以理为本，名出于理，而理不待名，名于理无所为。也就是说，相对于名言，形与理具有先在性与独立性。落实到人物识鉴上，人物的外形与神理先在于并独立于名言，因此，最高境界的识鉴只能以非名言的方式加以把握，实际上也就是"意会"，即直觉体认。而且，所意会者不能言宣，也就是无法用名言表达出来。由识鉴引发的"言不尽意"论，既涉及名言把握对象（形理）的限度，也涉及名言表达思想（意）的限度。前者是言与物之间的矛盾，后者是言与意之间的矛盾。

对此，违众先生的反驳是：名言是必要的。就意而言，心中把握的理，离开名言是不清晰的（非言不畅）；而且，如果不能用名言加以表达，也就不能进入公共交流的层面（言不畅志，则无以相接）。就物而言，事物固然有其自在性（定于彼），但离开名言只能是混沌一片，无从分辨（非名不辨）。因此，意与物的显现离不开名言，换言之，意与物在名言的层面呈现。落实到人物识鉴上，一方面必须以名言辨物，也就是用名言把握人物的外形与神理（名不辨物，则鉴识不显），另一方面必须以名言达意，也就是用名言将识鉴表达出来跟别人交流（言称接而情志畅）。

名言具有相对于意与物的自在面向：首先，物与名之间、意或心中把握的理与名之间没有自然或必然的联系（物无自然之名，理无必定之称），在此意义上，名言具有相对于意与物的独立性；不仅如此，意与物甚至还依赖于名言，辨别形形色色的事物，需要不同的名，阐发思想、道理，需要确立相应的称（欲辨其实，则殊其名；欲宣其志，则立其称）。

违众先生进一步认为，名言还能够随着意与物的变迁而改变（名逐物而迁，言因理而变），如影随形，如响随声。因此，名言与意物之间能够保持统一（不得相与为二）。

这样，基于名言相对于意与物的必要性和自在性，以及名言与意、物之间的统一性，违众先生得出"言尽意"的结论。就哲学的内涵而言，"言尽意"论与"言不尽意"论分别触及了名言与意、物关系的不同侧面。"言不尽意"论注意到了意与物相对于名言的先在性与独立性，以及言与物、言与意之间的矛盾；"言尽意"论则看到了意与物对于名言的依赖性、名言相对于意与物的自在性，以及言与物、言与意之间的统一。另外需要指出的是，欧阳建的"言尽意"说从人物识鉴引发议论，与王弼本体论层面的"得意忘言"说并没有形成思想交锋。

郭象

郭象（公元252—公元312年），字子玄，河南（今河南洛阳）人。《晋书·郭象传》称他"少有才理，好老庄，能清言"。后被东海王司马越任为太傅主簿。郭象是重要的玄学家，时人称他为"王弼之亚"（《世说新语注·文学》），但其思想偏重于"崇有"说的"独化"论。郭象的主要著作为《庄子注》。

1."独化于玄冥之境"的本体论

郭象哲学的核心思想，集中体现在他的"万物无不独化于玄冥之境"的"独化"论中。而"独化"论主要由"自生""自尔""自然""独化""玄冥"等一组概念所表现。

郭象既不同意"万物生于无"的观点，也不同意"万物生于有"的观点。他认为万物各自都"块然而自生"。他说："无既无矣，则不能生有；有之未生，又不能为生。然则生生者谁哉？块然而自生耳。自生耳，非我生也。我既不能生物。物亦不能生我，则我自然矣。自己而然，则谓之天然。"（《庄子·齐物论注》，以下本章凡引《庄子》郭象注，只注篇名）这是说，万物自己是什么样子就是什么样子，是什么状态就是什么状态。既然万物"自生""自然"，那么每一事物既不以其他事物为原因，也不能成为其他事物的原因。万物各不相为，自己就是自己。在郭象的思想中，"自生"与"自尔"就是"自然"。郭象所说的"自然"是自然而然的意思。不过，郭象所强调的还不仅是万物的自然而然，"自然"还有"自己而然"（《齐物论注》）的意味。他以物各"自生""自尔"讲物之"独化"，反对造物主，指出"造物者无主""未有不独化于玄冥者"，所凸显的正是万物的"自己而然"。他说："世或谓罔两待景，景待形，形待造物者。请问：

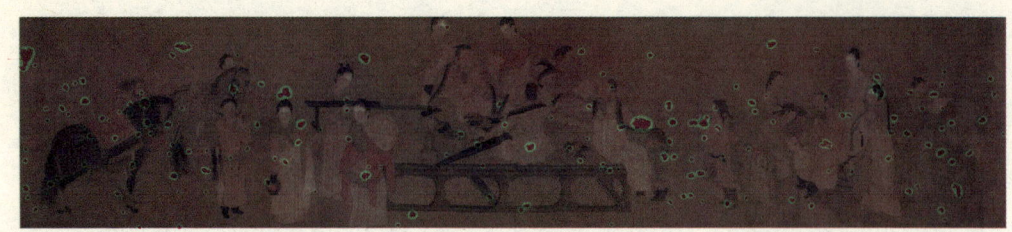

▲ 古人娱乐图

夫造物者有耶,无耶? 无也,则胡能造物哉? 有也,则不足以物众形。故明众形之自物,而后始可与言造物耳。是以涉有物之域,虽复罔两,未有不独化于玄冥者也。故造物者无主,而物各自造。物各自造而无所待焉,此天地之正也。故彼我相因,形景俱生,虽复玄合,而非待也。"(《齐物论注》)郭象在这里看到了"贵无"论的理论困境:如果有本体("造物者")存在,而这一本体就是"无"的话,那么"无也,则胡能造物哉"。"无"并没有任何属性或规定性,怎么可以造物,赋予万有以规定性呢? 反过来,如果本体是有具体属性、有规定性的"有"的话,那么"有也,则不足以物众形","有"具有自己特定的属性或规定性,它只能成为某物,又怎么可以产生和支配具有不同属性或规定性的一切事物呢? 因此,"无"与"有"都不能确切地透显出天地万物的真实意蕴。

2."性分自足"的价值观

郭象由万物"自生""独化"而引申出了他的"性分"说。郭象认为,每一事物、每个人都具有其天然而自足的禀赋所得;同时,每一事物、每个人又都具有不同于他物、他人的禀赋,这就是物与人的"性分"。郭象称:"天性所受,各有本分,不可逃,亦不可加。"(《养生主注》)每一个体都是在各自所禀得的范围和情形下各个自足、各任其性分的。

在人类社会领域,不同的自我因为是各有性分的,所以他们的自我实现就自然呈现为有所差别与限定的社会关系,即"名分"。郭象说:

"臣能亲事，主能用臣。斧能刻木，而工能用斧。各当其能，则天理自然，非有为也。"（《天道注》）

"臣妾之才，而不安臣妾之任，则失矣。故知君臣上下，手足内外，乃天理自然，岂直人之所为哉……凡得真性，用其自为者，虽复皂隶，犹不顾毁誉而自安其业；故知与不知，皆自若也"（《齐物论注》）。郭象以"性分"的观念解释人与人之间的社会公共关系，认为君臣上下的等级关系根源于人们各自禀得的"性分"。因此，现实中等级上下的区分是自然而合理的，人人都需要"自安其业""各安其分"（《秋水注》）。这样一来，郭象便为当时纲常名教的合理性寻找到一个哲学上的根据。

3. 自然名教的统一论

因为"性分"是"名分"的基础，郭象在名教与自然的关系上，主张自然、名教相统一。与阮籍、嵇康"越名教而任自然"的强烈批判精神不同，他为君臣上下的等级差别提供了合理性论证。因为根据"物各任其性分"而承认等级关系，所以现实的纲常名教不仅不是对"性分"的戕害，而且就是"性分"的实现。这就是所谓的"名教即自然"。既然"自然"容纳"名教"，所以现实的等级秩序与礼法规范便是自然而合理的。人们如果能够任其性分而各安其位，就能实现社会的和谐。能够依此做到极致的，则是"圣人"。郭象说："夫理有至极，外内相冥，未有极游外之致而不冥于内者也，未有能冥于内而不游于外者也。故圣人常游外以冥内，无心以顺有，故虽终日见形而神气无变，俯仰万机而淡然自若。"（《大宗师注》）所谓"游外"即是遵行名教的施设而不相违背，所谓"冥内"即是内心不为名教所限而顺任自然。圣人能够做到"游外以冥内""无心以顺有"，则虽然"戴黄屋、佩玉玺"，"历山川、同民事"（《逍遥游注》），但是他自身却"淡然自若"。

此即所谓"虽在庙堂之上,然其心无异于山林之中"(同上),实现了自然与名教的完全统一。

郭象以"自然"容纳"名教"、使"自然"与"名教"统一的观点,在理论上表现为魏晋玄学中"越名教而任自然"的反命题。他宣扬人们各安其"性分",顺应名教的规范,其实是为当时社会的等级秩序作理性辩护。"任其性分"的背后,是被统治阶级的"安之若命",其结果则是统治阶级的逍遥自在。同当时实际政治联系起来,郭象所要论证的就是:门阀士族应该作为统治阶级中的统治阶层,而其他人都应该安于这种状况,谁要反对,便是不安其"性分"。与王弼的"贵无"论和裴頠的"崇有"论相比,"独化"论更能维护魏晋时期的门阀士族政权,这表现了郭象思想鲜明的阶级倾向性。

■ 葛洪

东汉时出现的《太平经》为道教的建立作了思想准备,在汉末农民起义中起过积极的作用,黄巾军曾利用它作为组织和动员起义的工具,因此,曹操下令禁止道教。但是以后统治阶级又转而利用道教。到晋南北朝时,道教逐渐盛行,东晋葛洪写了《抱朴子》,为道教提供了哲学根据。

葛洪(公元284—公元364年),字稚川,自号抱朴子,丹阳句容(今江苏)人。他的著作《抱朴子》分《内篇》和《外篇》,"其《内篇》言神仙方药、鬼神变化、养生延年、禳邪却祸之事,属道家;《外篇》

▲ 葛洪

讲人间得失，世事臧否，属儒家"（《抱朴子·自叙》）。《抱朴子》对道教和儒即自然和名教做了折衷主义的解决，一方面把道家术语附会于神仙、金丹的教理；另一方面又坚持纲常名教，并对魏晋以来清谈风气表示不满。在政治上，葛洪主张用德教和刑法两手进行统治，他因参加镇压农民起义有"功"，被封为侯，因此更加强调刑法的作用，说"刑者御世之辔策""而辔策须臾不可无也"。（《抱朴子·外篇·用刑》以下凡引此书，只注篇目）葛洪的《抱朴子·内篇》记述了许多具体的炼丹的方法与药物，把炼丹术推进了一大步，因而他在科学技术史上占有重要的地位。同时，葛洪对医学也有贡献，著有《金匮药方》《肘后备急方》。正是这种科学上的成就，使得葛洪的道教神学中包含有一些不容忽视的哲学思想。

在哲学上，葛洪主要也是讨论"有无""形神"问题。他以为"道"就是"玄"，说："玄者，自然之始祖，而万殊之大宗也……因兆类而为有，托潜寂而为无……"（《内篇》）把"玄"即"道"作为世界的本源，万物之主宰。而这个本源或主宰，就是"有"与"无"的统一。因为"道者，涵乾括坤，其本无名。论其无，则影响犹为有焉；论其有，则万物尚为无焉"（《道意》）。这里所讲的"其本无名"，显然具有"贵无"说的倾向。所讲的"论其无""犹为有""论其有""尚为无"，则和郭象的"有而无之"说相通。

葛洪用"有无"统一的观点来解决"形神"关系。他说："夫有因无而生焉，形须神而立焉。有者无之宫也，形者神之宅也。"（《内篇·至理》）从语言上看，这和嵇康说的"形恃神以立，神须形以存"相似，不过嵇康只讲延年益寿，而葛洪却讲一个人通过修炼可以成仙，宣扬神不灭论："知上药之延年，故服其药以求仙。知龟鹤之遐寿，故效其道引以增年……众木不能法松柏，诸虫不能学龟鹤，是以短折耳。

人有明哲，能修老彭之道，则可与之同功矣。"（《对俗》）人们锻炼身体和服用补药可以却病延年，增强体质精力，这是符合科学的。

但葛洪讲的是炼丹、服药、导引、吐纳等方术求长生不死。他说："夫五谷犹能活人，人得之则生，人绝之则死，又况于上品之神药；其益人岂不万倍于五谷耶？夫金丹之为物，烧之愈久，变化愈妙；黄金入火，百炼不消，埋之毕天不朽。服此二物炼人身体，故能令人不老不死。"（《抱朴子·金丹》）意思是五谷能维持人的生命，上品神药对人体的补益作用自当远远超出五谷。金丹这种药越是用火炼，变化愈是微妙。若五谷草木遇火则化为灰烬，根本不能与金丹相比。而黄金更是不怕火炼，埋在土里永不变质。因此，服食这两种食品，锤炼人的身体，可以求得长生不死。葛洪这种由人吃粮食维持生命，推论服食丹药可以长生的观点是不合逻辑的。因为维持人体生命和延年益寿，与黄金不朽、丹砂水银互变，完全属于不同的运动形式，各有不同的规律，葛洪的这种观点混淆了不同事物的运动形式和规律，而且违背了有生必有死、有始必有终的辩证法则，纯粹是一种幻想。炼丹不能成仙，但是炼丹术为近代化学的形成开辟了道路。葛洪对炼丹实验作了大量的观察和记录，积累了许多与化学、医药学有关的科学资料，而且提出了一些有价值的见解，在自然科学的发展上做出了一定的贡献。

另外，他编撰的《肘后救卒方》在医史上有一定影响，他在《抱朴子·内篇》中，对养生之道——生命哲学进行了探讨，如生命的起源及其构成，衰老和疾病的原因及预防的方法等问题，他都做了或深或浅的探究。应该说，葛洪对中医药的发展做出了重要的贡献。

■ 僧肇

汉代时佛教由印度传入中国，当时，佛教被认为是方术的一种，其主要教义是：灵魂不死，轮回报应。到魏晋时，玄学盛行。当时名士和名僧交游，盛行用老、庄理论解释佛学的风气。大乘佛教空宗的经典《般若经》当时已传到中国，有各种译本，大都是用玄学语言来翻译的，这说明佛学已经走上玄学化的阶段，在佛学玄学化的过程中，后秦高僧僧肇作出了令人瞩目的贡献。

僧肇（公元384—公元414年），本姓张，京兆长安（今陕西西安）人。先是醉心老、庄，后转而治佛学，为著名佛学翻译家鸠摩罗什的四大弟子之一，以擅长般若学著称，因深得般若空宗理论，被誉为"秦人解空第一者"。著有《肇论》《维摩诘经注》等书。

僧肇在《不真空论》中讨论了有无问题。他说："夫至虚无生者，盖是般若玄鉴之妙趣，有物之宗极者也。自非圣明特达，何能契神于有无之际哉？"这里，僧肇以'虚无'为本体，并将绝对的"虚无"认作是智慧所要掌握的内容，以为真正的圣明在"契神于有无之际"，即体会"非有非无"。

故《放光》云："诸法假号不真。譬如幻化人，非无幻化人，幻化人非真人也。"他以幻化人作比喻，认为世界上的一切不是"无"，而是"幻象"。"幻象"是不真的，不真即空，以说服人们相信现实世界只是不真实的幻景，人生如在梦中，这样就可看破红尘，体会到万物"性空"。

僧肇在"动静"关系问题上主张"即动而求静，以知物不迁"。他在《物不迁论》这篇著作中专门论证这一观点。

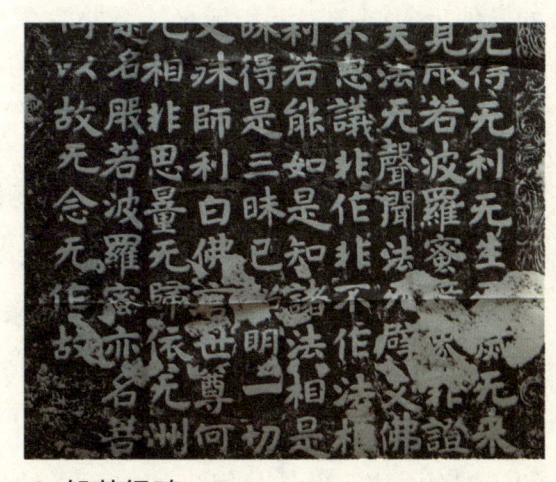
▲ 般若经碑

他说:"寻夫不动之作,岂释动以求静,必求静于诸动。必求静于诸动,故虽动而常静。不释动以求静,故虽静而不离动。"这是说"静不离动",不能离开变动讲静止,实际上他是从静止观点看运动。

由此可见,僧肇不仅把绝对的空虚当作世界的第一原理,而且把绝对的寂静当作世界的第一原理。绝对的空虚和寂静,这也就是佛教所追求的"涅槃""寂灭"。

在僧肇看来,真正达到"涅槃""寂灭"境界的人,就是佛。但佛是什么样的人格呢?僧肇写了《般若无知论》对其进行探讨。他讨论圣人(佛)的神明,以为真正的智慧(般若)是"无相之知,不知之照"。他从"能知"和"所知"的关系上来对此作论证。他以为认识的主体与对象是互相依存的,而认识又是要对对象作"分别",而"智空""法空""俱同一空",那就无所谓"分别"或认识了。但这并不是说圣智(般若)同木石一样无知,圣人"无知,故无所不知",他"俯仰顺化,应接无穷"。这就是所谓"用即寂,寂即用,用寂体一"(《般若无知论》)。

这种神秘主义的"般若",僧肇认为是不能用名言、概念来表达的。他反复强调"无相无名,乃非言象之所得"(同上),"无相之体,同真际、等法性,言所不能及,意所不能思"(《维摩诘经注·阿閦佛品》)。他甚至否认名实之间的对应关系,认为一切名言都是"假号",一切事象都是"缘起"而有,不能说名与实相当(见《不真空论》)。不过,僧肇也知道"言虽不能言,然非言无以传"(《般若无知论》)。他主张用破除"边见"、排除对立的办法来表达那"处中莫二之道",即"中道"。如"非有非无,非实非虚,虚不失照,照不失虚"等表达的方式,就是用的这种办法。把对立的"边见"排除,以启发人去把握无条件的绝对的虚静,也就是通过相对主义的论辩,以求达到形而上学的绝对。

这种论辩能给人以似是而非的满足，但也只是黑格尔所说的"主观的辩证法"的一种形式。

僧肇的相对主义和《庄子注》的相对主义有相似之处，这表明在僧肇手里，佛学已经玄学化。

佛学的玄学化，标志着经开始成为中国传统思想的有机组成部分，成为中国传统哲学的不可缺少的内容。

范缜

范缜（公元450—公元515年），祖籍南乡舞阳（今河南泌阳）。缜少孤贫，弱冠拜名儒刘瓛为师，勤奋好学，卓尔不群。"既长，博通经术，尤精《三礼》，性质直，好危言高论"（《梁书·范缜传》），是南北朝时期著名的唯物主义思想家和无神论者。范缜与萧子良二人以讨论贫富贵贱产生原因的现实问题始，进而讨论因果报应之有无，最终以神灭、神不灭为争论的焦点。范缜以"无神"说立论，以偶然论批判佛教的因果报应说，激起了朝野的普遍反对，"子良集僧难之而不能屈"（同上），表现出了极大的理论勇气和理论创新能力。范缜的著作现存有《神灭论》《答曹思文（难神灭论）》（载《弘明集》卷九）。

1. "形神相即"与"形质神用"

"形神相即"是范缜《神灭论》的基础命题。他说："神即形也，形即神也。是以形存则神存，形谢则神灭。在范缜看来，形、神既有区别、又有联系，两者密不可分，"名殊而体一"，或曰"形神不二"。所以，范缜认为形在神在，形亡神灭。"

在"形神相即"的基础上，范缜进一步提出了"形质神用"的著名论点。他说："形者神之质，神者形之用，是则形称其质，神言其用，形之与神，不得相异也。"鉴于"薪火之喻"为神不灭论所用，故范缜舍弃薪火之喻，改用"刃利之喻"，将形与神比做刀刃和锋利，进一步明确精神是人体功能，即"形质神用"的论点，论证形神相即不二，灵魂不能离开肉体独立存在。他以刀刃为喻："神之于质，犹利之于刃；形之于用，犹刃之于利。利之名非刃也，刃之名非利也；然而舍利无刃，舍刃无利，未闻刃没而利存，岂容形亡而神在？"这就是说，精神与肉体，不仅相即不离，而且相即为用。形是质，神是形质之用，就如刀刃和刀刃之利钝，刀是形质，利钝是刃之用。利不是刃，刃也不是利，但是，无刃也就无所谓利钝。所以，作为形的肉体死亡后，作为形之用的神，如何能独立于形之外而不灭永存呢？

范缜的这种论证，无疑也显示出玄学体用思辨的痕迹。但这种论证本身，非常合乎逻辑思辨的特征。范缜形质神用的观点，进一步明确了形体与精神是本体与作用的关系，肯定了精神对形体的依赖性。特别是"刃利"之喻，更是突破了传统无神论"薪火"之喻把精神实体化的局限性，开始明确地揭示出了精神（意识）是人脑的机能、人脑的属性，这无疑具有极为重要的哲学价值。在朴素唯物主义阶段，范缜的这种无神论思想，不仅是对佛教神不灭论的致命打击，对整个唯心主义也提出了一个难以回避的理论难题。

2. 质用之辨

为进一步说明精神对形体的依赖性，范缜对"质"和"用"的范畴也给予了深入的辩证思考。他说："今人之质，质有知也；木之质，质无知也。人之质非木质也；木之质非人质也。安有如木之质而复有异木之知？"

死者有如木之质，而无异木之知；生者有异木之知，而无如木之质也。质的不同，决定了人的"有知"和木的"无知"，不同的质有不同的作用,人非木,人质自然非木质,二者没有比较的基础和前提。范缜实际上是借此驳斥神不灭论"薪尽火传"之喻,以此强调木质非人质,所以佛教徒用"薪尽火传"的比喻并不能真正说明人的"形尽神不灭"。

而且,范缜还将"神"分为互相连接的两个阶段:一是"痛痒之知"(感觉),二是"是非之虑"(思维)。他认为,"浅则为知,深则为虑。""知"与"虑"是人的精神功能的两个不同层次,二者统一于人的精神。他指出,"是非痛痒,虽复有异,亦总为一神",强调"人体惟一,神何得二"。范缜认为,这两种思维活动都是由"心器所主",是不能离开人的形体而独立存在的。在这里,范缜深入到思维领域的深处,对佛教神不灭论的唯心主义思想给予了深刻的批判。

神灭神不灭的争论,是中国哲学史上有神论与无神论、唯心论与唯物论相冲突的一个集中表现。范缜以坚定的无神论立场、犀利的理论锋芒、深刻的逻辑分析与毫不妥协的战斗精神,在中国无神论思想史上树立了一座丰碑,成为中国古代杰出的无神论思想家。

同时,范缜虽然深刻有力地批判了佛教的神不灭论,但他并没有对佛教的整个思想体系展开全面的批判,再加之他的有关思想在当时并没有产生广泛的社会影响,因而对阻滞佛教的广泛传播并没有起到较大的实际作用。

拓展阅读

竺道生的"顿悟说"

竺道生(公元355—公元434年),东晋高僧。本姓魏,钜鹿(今河北省巨鹿县)人,曾寄居在彭城(今江苏省徐州市)。竺道生出家很早,据说他在15岁的时候已经有讲经资格。

竺道生的顿悟说的理论依据是鸠摩罗什所翻译的《十住经》。此《十住经》实际上就是《华严经·十地品》，后来尸罗达摩将其翻译为《十地经》。根据《华严经》所说，大乘菩萨修行阶次有四十一个等级，渐次臻于佛果之阶位有：十住、十行、十回向、十地，再加上等觉共计四十一位。有关菩萨修行之阶次，诸经论所说不一，唯识派亦采取《华严》四十一位之说。《菩萨璎珞本业经》在"十住"前加上了"十信"，在"等觉"后加上"妙觉"，形成五十二位，历来被视为最周全的修行等级。

鸠摩罗什翻译的《十住经》的"十住"，并不是流行于后世的实叉难陀所译《华严经》的"十住"，相当于《华严经》的"十地"。

竺道生的顿悟是建立在渐修的基础上的，认为渐修是达到顿悟的必要准备。他说："悟不自生，必借倩渐。"（慧达《肇论疏》引道生语）认为通过读经、修行坚定佛教信仰，抑制贪欲，才能进入顿悟。在竺道生看来，顿悟就是一次性地全部领悟诸法实相，使觉悟的内容与理相融无间，做到悟理与体证不相分离。竺道生依据《十住经》，认为十住（并非四十一位中的"十住"，而是四十一位中的"十地"）以前只是渐修，不能有所觉悟，到十地之后，才能体会"明理不可分，悟语照极，以不二之悟，符不分之理，理智忘释，谓之顿悟"（《肇论疏》引道生语）的境界，由此顿悟而成佛位。

竺道生的顿悟说与后期禅宗的顿悟说有根本的不同。《坛经》云"前念迷即凡夫，后念悟即佛"。一悟即可以从凡夫迈向佛位。竺道生强调顿悟之前有严格的修行阶位，只有十地菩萨才可以顿悟成佛，后世将竺道生顿悟说与禅宗顿悟说联系起来，实在是一个误解。

一般说来，顿悟为见诸法实相，并非圆满佛果，唯识宗称为见道位。悟后仍有烦恼需要除灭，唯识宗认为需要经修道位到究竟位，才可以成圆满佛果。由此看道生的顿悟说，也并非完美无缺。

第五章
隋唐时期的哲学思想

隋唐以来,佛道的盛行与韩愈、李翱等为复兴儒学而作的努力,构成了独特的历史格局,如何在理论上对此加以回应和整合?这是中国哲学进一步发展过程中所面临的重要问题。从更为内在的层面看,儒释道在隋唐以来又呈现出某种相拒而相融的特点,宋明时期的理学,在更广的理论背景下体现了以上的历史趋向。这一趋向与隋唐以后社会的历史变迁交互作用,赋予中国哲学以新的形态。

第一节　隋唐时期的哲学概述

■ 隋唐时期哲学论争中心

南北朝时，儒、道、释三家鼎立，彼此进行着激烈的斗争，不仅在理论上进行争辩，而且有时还使用武力。到了隋、唐、五代，三家的斗争仍然继续着，尤其在佛教势力过于强大的条件下，不仅引起道教徒的不满，而且招致世俗地主的强烈的反对。

但是，儒、道、释三家的日趋合流，却是隋唐时期意识形态发展的必然趋势。这一趋势早在隋朝就被王通觉察，由此，他还提出"三教合一"论，反对用暴力灭佛，主张援佛入儒，即把佛学统一到儒学中来。柳宗元把儒、道、释的合流进一步引向深入，他既指出了"三教"合流的目的是为了"丰佐吾道"（《柳宗元集》卷二十五），即为了丰富和发展儒家学说；又指出了"三教"合流必须坚持"与孔子同道"（同上）的原则，即坚持以儒为主的原则；还指出了"三教"合流的方法"成伸所长，而黜其奇衺"，即要取各家之长，弃各家之短。柳宗元的这种以儒为主、统合儒释的主张，为儒学的发展开辟了一条新的道路。

儒、道、释的互相作用与合流，给予隋唐哲学以深刻的影响，使它呈现出一些鲜明的特点。特点之一就是宗教神学的猖獗和唯心主义哲学的泛滥。这主要表现在佛、道两教都建立了思辩性的哲学体系，特别是佛学，它用相对主义的诡辩构筑起来的体系，显得十分精巧，以至使当时没有哲学家能够驳倒它。

例如韩愈、李翱等儒家的唯心主义学者，尽管他们声称反佛、反道，但因其根植于"天命"论，非但没能触及到佛、道宗教唯心主义的本质，反而掀起了"天命"论和"天人感应"论的再一次高潮，更是由此滋生出例如"祥瑞运""符命"等各种谶纬迷信。另外，例如柳宗元、刘禹锡等唯物主义者尽管大力批判了唯心主义的"天命"论、"天人感应"论以及各种谶纬迷信，但是，他们在处理一些问题上还是存在佛家唯心主义的思想，所以，对于佛学的哲学问题，他们还是不能研究透彻。

其次，隋唐时期哲学论争中心的变化，也是和儒、道、释的合流相联系的。魏晋时期玄学盛行，而玄学又是"儒"和"道"相互作用的产物，所以它争论的中心之一是名教和自然的关系，通过争论在郭象那里达到了统一。到了隋唐时期，儒、佛之间的争论突出了。于是，名教和自然的关系的争论，就演变为世俗和天国的关系的争论，通过争论把两个世界，即俗世和天国、此岸和彼岸统一起来，达到了"世间"和"出世间"的同一。这种同一反映到哲学上，就是儒、道、释各家都以不同的方式来论证虚静的精神本体为世界的第一原理。因此，魏晋时期所热烈讨论的"有无（动静）"的关系问题，则继续成为隋唐时期哲学论争的中心。

不过，隋唐时期佛学最盛。它为了阐明和论证人能否成佛以及如何才能成佛的问题，不仅热衷于讨论"空有"关系，而且较为深入地考察了人的精神现象，对"心物""性相"等关系作了探讨。佛学在讨论"有无（动静）"的关系问题时，总是与"心物（性相）"之辩紧密联系着的，这是隋唐哲学表现出来的特点，也是儒、道、释趋于合流的一种反映。与"有无"之辩、"心物"之辩相联系，"言意"

▲ 隋唐时期佛像

之辩也继续着。佛教禅宗提出"不立文字，直指本心"，彻底否认语言文字、概念判断能够把握真理，认为真理只能用"对法"来暗示。这是隋唐时期"言意"之辩上的新特点，与魏晋玄学相比，它的论证方法具有更为浓厚的诡辩色彩。同时，"对法"就是相对主义的方法，运用这种方法来解决"言意"关系，显然是受道家庄子的影响，是佛、道合流的表现。

最后，这一时期哲学的发展，其特点主要表现为最终由唯物主义取代宗教唯心主义的形式。"三教"合流的过程，固然带来了宗教神学和唯心主义的泛滥，但它也使哲学得到了一定的发展。因为通过"空有""心物（性相）"之辩与"言意""力命"之争，佛学各派、道教和儒家学者，对人类思维的某些环节、因素，作了比以前更为深入的考察，给我们提供了许多有益的理论思维。不过，哲学在佛教和道教学者那里，总是这样或那样地受着宗教的即出世间的形式的束缚，所以，它只能是曲折地前进着。随着科学和文艺的发展，哲学要求摆脱宗教神学形式的束缚，使自己取得非宗教的即世俗的形式。韩愈、李翱适应了这一要求，他们在维护儒学独尊传统的前提下，吸取佛、老的成份，使儒学取得理学唯心主义的形式，成了宋代理学的先驱。柳宗元、刘禹锡也适应了这一要求，他们在气一元论的基础上，考察了"有无（动静）"的关系，在"天人"之辩的形式下，考察了"心物"之辩，对"力命"之争作了比较正确的解决，从而使哲学摆脱了宗教神学和唯心主义的束缚，恢复了唯物主义的权威。

隋唐道教哲学概述

在隋唐五代，道教也很兴盛，但其势力不如佛教。道教兴盛的原因有三：一是李唐王朝与老子认了亲。道教和老子究竟有无重大关系，实系疑问，但一般道教的学者却都自称是祖述老子的。而老子李姓，唐皇室亦为李姓，因此，唐代诸帝遂以为老子是唐皇室的祖先，对道教极为尊崇与信仰。如太宗把老子放在释氏之上；高宗追封老子为太上玄元皇帝；玄宗自己作《老子注》，命诸州道观刊碑立石。道教兴盛的第二个原因，是它适应中国封建社会儒教的传统，不是"无父无君"，而是倡导忠君孝父，这正弥补了佛教的不足。道教兴盛的第三个原因是它擅长炼金丹，制长生药。如果说佛教许人以来世的幸福，那么，道教则许人修仙长生，永享现世的幸福。而这正好投合了贪生的皇帝、显宦和贵族的需要，为道教的迅速发展提供了主观条件。

隋唐五代的道教具有自己的特点。它既不同于那种偏重于神仙方术、炼丹、服食等方面研究的由后汉至东晋末年时期的道教；也不同于那种主要是模仿佛经而编造种种"道经"的由刘宋至南北朝时期的道教。它着眼于研究道教的理论，说得确切点，是放在编写自己的"道书"上。当时，有许多著名的道教学者，如成玄英、王玄览、司马承祯、李筌、谭峭等，他们各人都有自己的著作。成玄英著有：注《老子道德经》二卷，注《庄子》三十卷，《庄子疏》十二卷；王玄览著作有《玄珠录》，保存在《道藏》里；司马承祯的著作有《坐忘论》与《天隐子》；李筌的著作有《黄帝阴符经疏》《太白阴经》；谭峭的著作有《化书》。上述道教学者的著作，均可称为"道书"。

从哲学理论的发展来说，隋唐五代大部分的道教学者并没有为我们提供多少新的东西。如司马承祯主张"收心""守静"，摒见闻，去知识，绝欲望，即"主静去欲"说，这对北宋理学家周敦颐"主静说"的形成无疑是有一定的影响的。但这并不是他的独创，司马承祯修炼的主旨在于"修心""主静"。他说："心者，一身之主，百神之师，静则生慧，动则生昏。"又说："学道之初，要须安坐，收心离境，住无所有，不著一物，自入虚无，心乃合道。"（《坐忘论·收心》）这和佛家的"禅定"可以说毫无差别。司马承祯既引用了《老子》一书中的"归根曰静，静曰复命"和"众妙之门"的话，又引用了《易传·系辞》中的"成性存存"的话。谭峭认为世界起源于"虚"，"虚化神，神化气，气化形"，于是生成万物，后复归于"虚"。这和《老子》的"天下万物生于有，有生于无"和"绳绳不可名，复归于无物"的话，没有本质不同。在这里，我们清楚地看到了儒道释三教合流的趋势。

在隋唐五代的道教学者中，李筌是个值得特别注意的人物。他提出"盗机"的理论，对道教的"能为"即人能征服自然的思想作了比较充分的发挥。李筌很欣赏《阴符经》中的"天地万物之盗，万物人之盗，人万物之盗也，"这三句话，认为"上来三义更相为盗者，亦自然之理。凡此相盗其中，皆须有道。惬其宜则吉，乖其理则凶"（《阴符经疏》卷中）。就是说，天地万物和人类之间存在着矛盾斗争而"更相为盗"，这是自然规律，盗有其"道"，人按规律盗窃，才能吉利，否则要遭殃。李筌称这种盗窃为"盗机"。

他认为，人能够认识事物的内部规律（"知其深理"），并根据这种认识来制订计划，指导

▲李筌授经石雕

行动。他还以仓廪里的谷物在春天不发芽，被覆盖的草在秋天不遭霜打为例，来说明"人谋"可以胜过自然界的阴阳寒暑。李筌如此强调人的主观能动作用，具有科学精神，是值得肯定的。但是，当他把主观能动性片面地加以夸大，并由此得出人可以成仙的结论时，他的"盗机"的学说便成为一种具有唯意志论倾向的神学理论。特别当他把这种理论运用于政治领域，认为"人谋"就是封建统治者的"制人"之术时，他的"盗机"理论和唯意志论的观点，就不仅是错误的，而且是反动的了。

■ 隋唐经学与儒家哲学

儒家经学自西汉时起，一直风靡到魏晋南北朝时期。而隋唐时期的经学与儒学就在魏晋时期经学与儒学的基础上日益呈现出更加兴盛的局面，几乎与佛教、道教三足鼎立，形成互补、合一的态势。

汉唐时期是中国经学确立和发展的一个关键阶段。自西汉推崇儒经，先有今古文之争，后杂以谶纬之学。至魏晋南北朝时期，义疏之学勃兴；但随着国家陷入长期分裂，经学也逐渐形成风格不同的"南学"和"北学"。虽然此时的经学已逐渐摆脱了政治的困扰，但是儒学内部宗派林立，师说多门，经学研究呈现出多元的局面。

1.《五经正义》

唐朝建立以后，政治上的统一对社会思想、文化的统一提出了要求，而规范整合经学无疑是重点之一。唐太宗即位，有感于经学的混乱、舛误和繁杂无主的状况，决心由朝廷出面，来撰修、颁布统一的经书。此次整合经学的成果有二：其一是由颜师古等人考订五经的文字，颁布了统一的五经文本；其二是由孔颖达等人统合五经的经义，撰修了综合各家义疏之长的《五经正义》。两者之中又以后者为重。

《五经正义》是第一次以官方的名义对五经作系统的整理。"五经"具体指的是儒家五部最重要的经典，即《诗经》《尚书》《礼记》《周易》《春秋》。而所谓《五经正义》，则是以南学为主，遍采各家传注，折中其问，为之疏解，而成《毛诗正义》《尚书正义》《礼记正义》《周易正义》《春秋左传正义》等，合称《五经正义》。其中，《毛诗》主毛公传、郑玄笺，《尚书》主孔安国注，《礼记》主郑玄注，《周易》主王弼注，《春秋左传》主杜预注。

国子祭酒孔颖达因年长学高，总揽其事。在前人纷繁错杂的义疏里"融贯群言，包罗古义"、折中其间、超乎其上，其艰苦程度可想而知，而且其完成过程也不是一帆风顺的。据《新唐书·孔颖达传》云："初，颖达与颜师古、司马才章、王恭、王琰受诏撰五经义训，凡百余篇，号《义赞》，诏改为《正义》云。虽包贯异家为详博，然其中不能无谬冗；博士马嘉运驳正其失，至相讥诋。有诏更令裁定，功未就。永徽二年，诏中书门下与国子三馆博士、弘文馆学士考正之。于是尚书左仆射于志宁、右仆射张行成、侍中高季辅就加增损，书始布下。"

孔颖达等人完成的初稿尽管包罗详博，但牵强诸说，繁冗错谬之处颇多。因此遭到了马嘉运等学者的批驳讥讽。但孔颖达本人已经无法对此作出应对了，他还没有来得及对书稿进行修订便抱憾辞世。唐高宗时期，命于志宁等学者对原书稿进行了较大的增损修订，并于公元653年正式颁行天下。

由于时代久远，所据版本不同，《五经正义》的总卷数一直以来有多种说法。如《唐会要》认为有170卷，《四库全书总目》主张有193卷，《十三经注疏表》（宋绍熙年间黄唐合刊）更是主张有223卷之多。

《五经正义》考订经义的最重要的原则是"注宜从经，疏不破注"。

"注"指的是汉晋以来学者们对"五经"文句所作的注释,"疏"则是晚近的学者对"五经"所作的更进一步的疏解。《五经正义》的作者们在为经典确定统一的经义时,虽然兼采"注"和"疏",但只要两者出现不一致的情况时,一定是尊崇"注"说而删改"疏"义,严格遵循前人的"注",而不敢保留与原注相左的疏解。

《五经正义》是第一部由朝廷颁布的官方经学丛书,其经注均有很高的学术价值,所以一经颁行,便成为士子习经和科考的统一标准,并一直影响到宋元明时期。一方面,它在规范经文、训诂考订上起到一定作用;但另一方面,它的出现导致了经学研究和思想文化上的整齐划一,这又反过来窒息了学术空气,阻碍了经学的发展。

2.《经典释文》

《经典释文》是初唐时期出现的又一部重要的经学研究成果,作者是著名经学家陆德明。在《经典释文》的序言中,陆德明介绍了他写这部书的背景。由于距离经典产生的古代已经很久远,所以经典被搀杂、遗漏的现象在当时十分严重。再加上不少学者私心自用,各师其师,各法其法,以致言人人殊。与此同时,古今语音的悬殊和不同地域发声的差异,都使得人们理解古典经书有一定的障碍。而经典由于本身负载了特殊的文化涵义,显然不能对其采取大而化之、不求甚解的态度,否则很可能会"差若毫厘,谬便千里"。

因此,陆德明决心完成一部划

时代的著作，从解释经典的文字音义入手，将儒、道重要典籍重新整理一过。这就是三十卷的《经典释文》。

该书最大的特色在于它系统地整理了汉代以来经典文字的音义。正如作者在是书编撰《条例》的第一条就指出："先儒旧音，多不音注。然注既释经，经由注显，若读注不晓，则经义难明。"作者将经典理解为一个形音一体的完整系统，把注音义视作通经的一个必不可少的关键环节，指出知文不知音有时会导致经义难明。该书不仅详细收集考证了古今经师的注音（反切），而且经、注并举，兼明义训。

《经典释文》的第二个特色是它选取善本、遍采众说。从各书所选的注本来看，都是当时较为权威的上佳版本，如《周易》主王弼、韩康伯注，《尚书》主孔安国注，《诗经》主毛传郑笺，《三礼》主郑玄注，《春秋左氏传》主杜预注，《公羊传》主何休注，《穀梁传》主范宁注，《孝经》主郑注十八章本，《论语》主何晏集解，《老子》主王弼注，《庄子》主郭象注，《尔雅》主郭璞注。

突破儒家藩篱、兼采道家经典是该书的又一特色。在汉代，儒、道之书的界限十分严格，道家书籍是不可能被称为"经典"的。魏晋后期，老、庄兴盛，道家书籍的地位有所上升，但仍无法在"经典"中赢得一席之地。直至唐代，统治者推崇道教，老、庄之书才得以跻身"经典"的行列。而陆氏的《经典释文》正式将《老子》《庄子》与儒家典籍放在一起注音，表明道家书籍经典地位的真正确立。

第二节　隋唐时期的著名哲学家

韩愈

韩愈（公元 768—公元 824 年），字退之，邓州南阳（今河南南阳）人。由于他的家乡属于昌黎郡，故人称韩昌黎。他的著作有《韩昌黎集》，其中《原人》《原道》《原性》等篇代表了他的哲学思想。

韩愈在反对佛教的斗争中，仿照佛教传法世系的祖统说，建立起一套儒家的道统论，并以此作为自己思想的理论基础。

"道"是韩愈哲学的最高范畴。他指出："天道乱，而日月星辰不得其行。地道乱，而草木山川不得其平。人道乱，而夷狄禽兽不得其情。"（《原人》）这个"道"是个最高的永恒的存在，它体现在"天道""地道""人道"之中，贯通于"天""地""人"等古往今来、东西南北的整个宇宙之内，它主宰着万事万物。

韩愈道统说的中心思想就是儒家的"仁义"二字，认为只有儒家的仁义才是真正的道德。

▲ 韩愈

从儒家道统说出发，韩愈提出唯心主义的人性"三品"说。关于人性，他认为，无论是孟子的性善论、荀子的性恶论，还是杨雄的善恶二元论，都是不完整、不全面的。因而他提出了人性"三品"说，把人性分为上、中、下三等。他说："上焉者，善焉而已矣；中焉者，可导而上下也；下焉者，恶焉而已矣。"（《原性》）他认为上品的人性是善的，生来具有"仁、义、礼、智、信"五种道德，中品的人性可善可恶，五种道德偏差不齐；下品的人性是恶的，五种道德都不具备。上品的性与下品的性是不可改变的。因此，教育的对象是中品以上人性的人。上品的性"学而愈明"；中品的性通过教育可以发展到善；而对下品的性只能采取压制手段，使其"畏威而寡罪"（同上）。

由"性三品"说，韩愈进一步提出了"情三品"说。他认为人性接触外物就会产生情，与人性相对应，情也有三品，三品之情分别是三品之性接触外物的表现。情有喜、怒、哀、惧、爱、恶、欲七种。他说："上焉者之于七也，动而处中。中焉者之于七也，有所甚，有所亡，然而求合其中者也。下恶者之于七也，亡与甚，直情而行者也。"（同上）上品的情，发动起来，不偏不激，恰到好处；中品的情，有过有不及；下品的情，或无动于衷，或感情冲动，任情而外，毫无约束。

韩愈的性情并论的人性观，是与佛老学说相对立的。佛老学说都把"清净""无为""无知""无欲"看成人的本性，不承认人有"仁义"的本性，主张消灭人的情欲，恢复其所谓"清净"的本性。韩愈认为佛老人性论就是叫人们放弃君臣父子之性，而追求清净寂灭，是违反封建纲常的。他认为，"圣人"不仅具备仁义本性，而且有情有欲，"圣人"同一般人的差别，不在于消灭情欲，而在于使情欲合乎中道。一个人的道德修养，只有在封建伦理关系中才能实现，不是灭情以见性，而是因情以见性。按韩愈的说法，佛老宣扬的"清净"本性或"佛性"，既无仁义,又无情欲,属于下品的人性。但是,韩愈的人性论仍然是先验的、抽象的,这是他不懂得从人的社会性、阶级性及其实践活动来认识人性的必然结果。其目的是为了论证封建等级制度的合理性。

唯心主义的圣人史观,是韩愈道统理论的又一重要组成部分。他认为只有圣人才是人类历史的创造者。

韩愈认为,如果缺了圣人,也就是缺了具有上品人性之人,结果,中品之人不能受到教导而提升自己的人性,下品之人不能受到管制而遏制其乱情妄念,从而人道大乱,社会一片混沌。只有有了"为之君,为之师"的圣人,中品、下品之人才有法可依、有礼可循,社会才能井井有条地发展。如此,君管发号施令,臣僚职在上行下达,百姓一心向上供奉五谷、器皿和财货,这是历史决定的,理所当然。韩愈的历史观完全颠倒了历史发展中统治者和群众、"圣人"与"凡人"的关系,完全否定了人民群众在推动历史前进中的决定性作用,从根本上就是错误的,其目的就在于为封建制度的合理性和完美性进行理论证明。

总之,韩愈的道统论,坚持封建伦理纲常,反对出世主义,以"性三品"说贬佛老于下品,以圣人史观对抗佛祖和神仙观。抨击佛老的流行破坏了社会生产,这在客观上具有一定的积极意义,但它并未从根本上触及佛老的神学本质,只是以一种唯心主义来排斥另一种唯心主义。在中国哲学发展史上,韩愈的思想起着承上启下的作用,一方面恢复并充实了儒家纲常伦理,另一方面开启了宋明理学唯心主义的先声。

李翱

李翱(公元 772—公元 841 年),字习之,陇西人。他是韩愈的学生，在政治、思想、理论上深受韩愈的影响。他的著作有《李文公集》，其中的《复性书》代表了他的哲学思想。

李翱依据儒家典籍《中庸》的理论，吸取佛教唯心主义的某些观点，提出了"复性"说，通过建立自己的主观唯心主义体系，来加强儒家学说的正统地位，以对抗佛教信仰的权威。唯心主义的先验论和人性论是李翱唯心主义体系的核心。

李翱对于韩愈的人性论，既有所继承，更有所发挥。他主张性善情邪论，关于性，他认为是天赋的，是人头脑中所固有的一种主观精神："性者，天之命也。"（《复性书》，下引不另注）"清明之性鉴于天地，非自外来也。"可见，他的"性"具有主观唯心主义的特色。并且他明确提出："人之性皆善。"在他看来，不论"圣人"或"凡人"，他们的"性"都是善的。关于情，他说："情本邪也，妄也。"人之所以能成为圣人，是因为人的本性是善的；人性之所以迷惑不清，是因为人的情欲是恶的。他还举例说明这一思想。以水火比作性，沙烟比作情，水火的本质是清明的，它们之所以显得浑与郁是沙和烟作用的结果。沙不浑，水流便清；烟不郁，火光就明。同样，"情不作"，性就能圆满地表现它自己。

李翱一方面讲性善情恶，另一方面又讲"情由性而生"，性与情的关系是"情不自性，因性而情；性不自性，由情以明"。

▲ 药山李翱问答图

那么，性善情恶如何统一于一身呢？李翱解释道：人性皆善，而情却因圣凡不同。性是指天赋与人的聪明才智和道德品质，情是后天环境引起的"嗜欲好恶"。这种天赋人性，在圣人身上能始终保持性的本然；在百姓身上，则因他们将身沉溺于情而始终不能自觉其本性。所以，圣人虽有情，等于没有情；百姓虽有性，而不能见其性。李翱的思想在逻辑上是自相矛盾的，在理论上是荒谬的。显然，他的人性论是受了佛性论影响。他所讲的"性"，相当于佛学的"佛性"，"情"，则相当于佛学的"妄念"。他把佛老的禁欲主义引进儒家人性论，其目的就是要人们去掉"嗜欲爱憎之心"，使"视听言行，循礼而动"。这种愚民哲学及其所追求的政治效果，就是李翱高谈"复性"的本质。

"圣人"是李翱的道德理想。怎样才能去情复性成为"圣人"呢？李翱提出了"不动心"的修养方法。这一方法有两个阶段：第一阶段为"斋戒其心"，以达到所谓"弗虑弗思，情则不生"，即"心"什么都不想的一种虚静的状态。在李翱看来，达到了这一步，还只是处于静而"未离于静"，或"方静之时"，同动还有着藕断丝连的联系。若只停留在这一步，那么，"有静必有动，有动必有静，动静不息，是乃情也"，情还会卷土重来，就会前功尽弃。因此，必须继续前进，进到第二阶段，即"至诚"，即"动静皆离，寂然不动"的阶段。在这时则完全超脱了动静，跳出了动静不息的循环圈，使心进入一种绝对静止的状态，即"寂然不动"的境界。他认为这就是《中庸》所说的"至诚"境界。在这种境界中，情欲不再发作，"善"的本性便恢复了。达到这种境界的人就是"圣人"。具有直观的特殊灵感和最高智慧的"圣人"，凭借特殊的、神秘的、非理性的认识能力，就能够格物致知，"昭昭然"而无所不知，无所不通，就可以认识所有的真理。

显然，李翱所奉行的认识路线，是一条主观吞没客观的主观唯心主义的路线，他所宣扬的"不动心"的修养方法，实际上是佛教唯心主义方法的翻版。在韩愈那里，还主张因情见性，反对佛教的灭性以见性，但在李翱这里，则已公开主张忘情复性了，与佛教的主张已经是殊途同归了。

李翱的"复性"说，既是韩愈排佛理论的发展，也暴露了韩愈学说的弱点。这一事实表明，用唯心主义反对宗教，最终还会成为宗教的俘虏。李翱的唯心主义哲学思想，反映了庶族地主出身的新官僚在反佛斗争中的妥协性：他们一方面不满意为士族的封建特权作辩护的佛教；另一方面又吸收佛教中的某些观点来麻痹人民群众。这就是李翱哲学的历史任务，正因为如此，他的学说成了后来宋明理学唯心主义的先驱。

王玄览

王玄览（公元626—公元697年），本名晖，法名玄览，广汉绵竹（今四川绵竹县）人。据《玄珠录·序》载，王玄览"年十五时，忽异常日，独处静室，不群希言。自事之后，数道人之死生，童儿之寿命，皆如言，时人谓之洞见。至年三十余，亦卜筮数年，云不定，弃之不为，而习弄玄性"。47岁时，益州长史李孝逸曾召见他，对他十分敬爱。六十多岁时，曾因事坐牢一年，在狱中仍著述不止。公元697年，武则天召他入京，行至洛州而死。他著有《遁甲四合图》《真人菩萨观门》《混成奥藏图》《九真任证颂道德诸行门》《老经口诀》等。《玄珠录》是王太霄汇集王玄览与谢法师、杜尊师、李炼师及其弟子询经问道的记录，代表了王氏的核心思想。

1."道"分为"可道"与"常道"

王玄览把"道"区分为"可道"与"常道"，认为"常道"生天地，

"可道"生万物。万物有生有死，不能常在，而天能长久，可以常在，因此，"可道"无常，是假；而"常道"才是真，是实。因此，他称"可道为假道，常道为真道"，又称"可道"为"无常"或"滥道"。不过，他认为"常道"与"可道"不是完全分割的。而是相互联系的，二者既有区别，又统一于"道"。从"道"的总体来说，是真又不真，是常又不常。所以他说："可道为假道，常道为真道。"《玄珠录》卷上第七又说："常道本不可，可道则无常。不可生天地，可道生万物；有生则有死，是故可道称无常。无常生其形，常法生其实。常有无常形，常有有常实。此道有可是滥道，此神有可是滥神，自是滥神滥道是无常，非是道实神实是无常。"（《玄珠录》卷下第二）

2. 道、物关系如本印和印泥

王玄览把"道"说成是超越于物质世界之上的永恒存在的实体。他把道和物的关系比喻成本印和印泥的关系，他说："万物禀道生，万物有变异，其道无变异，此则动不乖寂（如本印字）。以物禀道故，物异道亦异，此则是道之应物（如泥印字）。将印以印泥，泥中无数字，而本印字不减（此喻道动不乖寂）。本字虽不减，复能印多泥，多泥中字与本印字不同（此喻物动道亦动）。故：既以与人己愈有。"（《玄珠录》卷上第一）这就是说，从道之"应物"来说，它会随物的变异而变异，但这种变异并不引起常道的任何变化，正像我们用印去印泥一样，尽管泥上字数的多少会因我们所印次数的多少而变异，但印本身的字则是没有改变的。

3. 心生诸法，心识万物

王玄览认为，以体道之心观察世界，一切事物和现象都是心识的产物。他说："十方所有物，并是一识知，是故十方知，并在一识内。"（《玄珠录》卷下第三）他认为凡人的心识不能准确地观察世界，以眼见外物为例说明这个问题，他说："眼摇见物摇，其实物不摇，眼静见物静，其实物不静。为有二眼故，见物有动静；二眼既也无，动静亦不有。"（《玄珠录》卷下第五）王玄览明显受到佛教哲学的影响，是"以佛解老"的典型代表。王玄览还提出了"三世皆空"的观点，并以灭灯为例加以说明。他说："当知三世之中，三世皆空。三世者，一半已去，一半未来，中间无余方，故皆空也。知三世空，谕如于灯：当欲灭灯时，灭时见灯，不灭时若见灯，此时灭未来；灭时不见灯，此灯已过去；灭不灭中间，于何而住立？过去未来之中间，但有名而无体，故知三世空矣。"（《玄珠录》卷上第十五）这一理论与佛教般若系经典《金刚经》所言的"三心不得"非常相似。他还说："心生诸法生，心灭诸法灭。"（《玄珠录》卷上第八）"法本由人起，法本由人灭，起灭自由人，法本无起灭。"（《玄珠录》卷下第十三）这种思想和唯识宗的"唯识无境"思想很相似。

第三节　隋唐时期的"五宗"哲学观

■ 吉藏与三论宗

　　南北朝时期的三论学派，实为三论宗的前身。所谓三论，即龙树的《中论》《十二门论》和提婆的《百论》，它们是印度大乘佛教中观学派的纲领性作品。三论宗因所宗经典而得宗名。三论宗实际创始人是吉藏（公元549—公元623年），祖籍安息。祖上避仇移居南海（今广州），后迁金陵（今南京）。隋平定江南后，吉藏住会稽（今浙江绍兴）嘉祥寺，宣讲三论，世称嘉祥大师。后受隋炀帝敕命，住扬州慧日寺、长安日严寺。隋大业四年（公元608年），吉藏完成其佛学体系的纲领性著作——《中论疏》《十二门论疏》《百论疏》，标志三论宗哲学体系的正式形成。除三论疏之外，吉藏还著有《三论玄义》《大乘玄论》《二谛义》等，思想远传高丽、日本。

▲ 吉藏画像

1. "无得正观"与"四重二谛"

　　三论宗作为印度中观学派在中土

的继承和发展，秉承"无得正观"的般若中观学精髓，认为一切佛说都在显示无所得之理。于无所得之外，别无佛法。与此相应，在方法论上，主张"破邪显正"，认为正与邪的唯一标准就是"无得"与"有得"。"有得"是邪须破，"无得"是正应申。因此，吉藏主张，昭示佛法的正确方法是"唯破不立""破邪显正"，在破斥邪见中显现真理。

吉藏认为，成佛的最高境界，即终极的"至道"是"未曾邪正"，无所谓邪正。之所以说正，是为了破邪，邪既破除，正也就失去了存在的价值。所以，无论说邪，还是说正，都是为了返归"心无所著"的境界。只有"心无所著""无得""无依"才是佛教的终极追求。

吉藏认为，"真俗二谛"与"破邪显正""道非邪正"的方法论或真理观并无不同，即"唯是教门，不关境理"。"真俗二谛"只是相对来说，谈真是为了治理俗世，说俗是为了彰显真理。否则，倘若"二谛"是实有所指的"二谛"或"二理"，就成了两种不同的见解，是有所得，但与般若思想的精髓不符。

最能体现吉藏的"无得正观"学说精神的，是其层层否定的"四重二谛"说：

（1）说有是俗谛，说空是真谛。

（2）说有说空都是俗谛，说非有非空才是真谛。

（3）说空有之二与非有非空之不二都是俗谛，非二非不二才是真谛。

（4）以上三重二谛都是教门，超越了它们的才是真谛。

简单地说就是否定。不仅否定有，而且否定空，否定非有非空，甚至还要否定真俗二谛，超越真俗二谛。可以看出，吉藏的"四重二谛"观由浅入深，充分展现了佛教哲学否定之否定的思维方式。

2. 中道观

就中道而言，吉藏认为中道与无所有、无住、无得是意义相同的概念。他说:"不真不俗,亦是中道,亦名无所有,亦名正法,亦名无住。"(《大乘玄论》卷一)认为龙树提出"八不"(不一不异,不来不去,不常不断,不生不灭)的目的,是为了"遍破一切有所得心",令"心无所行""无所行故无所得",凡有情众生的有所得心虽然多种多样,但都不出此"八不"的范围。显而易见,"四重二谛"说也是三论宗中道观的方法论和思维基础。

关于佛性,吉藏在批判十一家佛性旧说的基础上,主张"非真非俗"的中道才是真正的"正因佛性"。因为只有"非真非俗"之"中道"才是否定"有""无""非有非无"以及"亦有亦无"等有所得之见,从而达到"一无所得""平等无待"的绝待之境。若从因、果、本有、始有的方面来说,佛性又是"非因非果""非本有非始有",也就是超四句、绝百非的超二元对立的终极关怀——不可言真,不可言俗,亦不可言因果、本始。一切有所得义,都是方便说法,而非究竟实相。

吉藏一生创宗立说,盛弘三论,对中国早期佛教关于般若中观学说的错误理解作了批判与澄清,对中国未来佛教的发展,特别是禅宗、华严、唯识哲学都产生了重大的影响。后来,三论宗的思想逐渐为天台宗、华严宗和禅宗所吸收。这个过程也使得三论宗进而丧失了独立存在的必要性。贞观之后,三论宗渐衰。

■ 智顗与天台宗

天台宗是中国佛教史上最早创立的佛教宗派,尊龙树为初祖,慧文为二祖,慧思为三祖。因其实际创始人智顗住天台山弘法创教而名之天台宗,又因其依据的主要经典是《法华经》,故又称法华宗。

北齐天宝五年(公元554年)慧思结庵光州大苏山,以《法华经》为理论基础著《法华经安乐行义》《立誓愿文》等,主张"一心三观",

奠定了天台宗圆融实相的理论基础。智𫖮（公元538—公元597年）俗姓陈，祖籍颍川（今河南许昌市）。575年南下浙江天台山修习止观法门，成就圆融实相之学。尝为隋炀帝杨广授菩萨戒，杨广以"智者"称誉智𫖮，故后世称"智者大师"。晚年住荆州玉泉寺。一生讲述颇丰，主要有"天台三大部"——《法华玄义》《摩诃止观》《法华文句》。此外还有《观音义疏》《金光明经玄义》《金光明经文句》，加上作者尚有争议的《观音玄义》《观无量寿佛经疏》等，世称"天台小五部"。智𫖮的天台宗宗旨，追求的是大乘圆顿境界，基本思想包括"三谛圆融"的核心观念、"一念三千"的现象分析、"性具善恶"的人性论、止观双修的方法论，以及推尊"圆融"的"五时八教"的判教思想。

1. "一心三观"与"三谛圆融"

智𫖮依据《法华经》义，将"一心三观"（观空、观假、观中）发展提炼为"三谛圆融"。所谓三谛，即空谛、假谛和中谛。"一心三观"，意谓于一心中同时观照空、假、中三种实相，即三谛。不过，无论是观空、观假、或者观中，任何一观，实际上都包含了其余二观，而且亦无次第可言，三即一，一即三，圆融无碍。如此一心三观，圆融无碍，显然具有浓厚的玄学气息和唯心的色彩。如此假、空、中三谛无碍自在，并为一体，即空，即假，即中，三者皆依心而生。心生万法，万法故空；因缘生法，依于因缘，缘生缘灭，万法故假；不著假，不执空，也就是超于有无，便是中道。中道者，不落空、假，亦不离空、假；如此空、假、中"三谛圆融"，就是天台宗"圆融

▲ 智𫖮法师

观的核心。他说：

"空非断无，故言空有。有即是空，空即是有，故言不二。非离空有外别有中道，故言不异。遍一切处，故言不尽。此亦与龙树意同。《中论》云：因缘所生法，即空即假即中。因缘所生法即空者，此非断无也；即假者，不二也；即中者，不异也。因缘所生法者，即遍一切处也。"（《法华玄义》卷一上）智𫖮就是以这样玄奥的思辨，表述事物不二、不异、不尽，因缘生法，圆融无碍，而遍一切处。

2."性具善恶"与"三因佛性"

"诸法实相""实相无相"应当说是佛教哲学思辨的基本内容。智𫖮的"性具实相"说则是圆融观的发展，并以此表现了天台哲学的特色。既然一心具万象，一切事物又具足实相，所以也可说是"心具一切法"，或者说"性具实相"。据此，智𫖮创造性地提出"性具善恶"的人性论的命题，说明一切有情众生，本性募具善恶。兼具善恶，本质上便是"三谛圆融"。

"阐提既不达性善，以不达故，还为善所染，修善得起，广治诸恶。佛虽不断性恶，而能达于恶，以达恶故，于恶自在，故不为恶所染，修恶不得起，故佛永无复恶"（《观音玄义》卷上）。智𫖮认为，一阐提人既不断善性，也不通达性善，而为恶所染，但他们也可受善的影响而修善治恶，离恶向善。佛与一阐提的差异在于"达"或"染"。佛虽不断性恶，但能充分认知恶，把握恶，即"达恶"，故不染于恶，所谓"自在"，而不会受恶的影响而生恶（无修恶），也永远不会回归恶。也就是说，阐提不断性善，只是缺乏修善；诸佛也不断性恶，但已断尽修恶。因此在智𫖮看来，世间万物，无论恶、善，从本质上说都是实相，亦即无相，故善恶俱在心性之中，是对立的统一，包括"六凡四圣"在内的一切有情，乃至诸佛菩萨都具善恶之性。如此则众生与佛平等，二者的区别仅仅在于修行的不同。智𫖮的"性具善恶"说，也是对竺道生"一阐提人皆有佛性"说的继承和发展。它一改佛教界"佛性纯善"的传统观念，对佛性理论和中国心性哲学的发展有非常深远的意义。

与此相关的便是"三因佛性"说。魏晋南北朝时期，竺道生公开倡导一阐提人皆有佛性，以正因佛性作为成佛的根据。但佛性到底是成佛之因，还是成佛之果，争论不断。智𫖮根据《大般涅槃经》"三因佛性"说，大力阐扬成佛三因。他强调，佛性有三种：除了"正因"佛性外，还有"了因"和"缘因"佛性。其中，正因佛性是众生本具之中道实相，是成佛的依据，在凡不增、在圣不减；了因佛性是能观照显发正因佛性之般若智慧；缘因佛性则是资助了因、开显正因佛性的一切善行。《观音玄义》卷二中说："了是显发，缘是资助。"可见，有了正因佛性，只是具备了成佛的可能性，而非必然性。只有借助了因的显发，缘因的资助，才能够成佛而通向圆满的觉悟之境。对佛性的如此诠释，不仅同佛教缘生哲学遥相呼应，而且在客观上也为"性具善恶"的思想提供了哲学的依据。

3. "止观双修"

在修行实践上，智𫖮强调"止观双修""定慧等持"。止观即定慧。南北朝时期，南方佛教偏重智慧，北方修行侧重禅定。慧思倡导定慧双修，因定发慧。智𫖮在此基础上，将止观双修升华为涅槃之法，进而对中国佛教哲学的发展作出了积极的贡献。

智𫖮关于止观学说的著作甚众。其中，他明确界说："止乃伏结之初门，观是断惑之正要；止则爱养心识之善资，观则策发神解之妙术；止是禅定之胜因，观是智慧之由藉。"（《童蒙止观》）"止"与"观"，虽然都是修行解脱的方法，但"止"偏于"禅定"，"观"偏于"智慧"。

如此止观之说，对禅宗和其他宗派的哲学都具有启导的作用。显然，这是通向圆融之境的方法和道路，是依于"三谛圆融"之理的修证之学。

"五时八教"的判教学说，是智𫖮在批判继承南北朝诸种判教基础上提出的。"五时"，是将全部佛典按照佛说的时间先后所作的判释，依次是华严时、鹿苑时（亦称阿含时）、方等时、般若时、法华涅槃时；"八教"，是就教化众生的形式和内容而作的划分，又分"化仪四教"和"化法四教"。前者将佛的说法形式分为顿、渐、秘密、不定四种，后者根据说法内容的深浅将其分为藏、通、别、圆四种。如此判教，固然是以《法华经》为全体佛经中最圆满究竟的经典，是最高的圆融之境。它标志着中国佛教判教理论的成熟，对促进佛教的中国化和宗派佛教的形成具有极大的推动作用。

■ 玄奘与唯识宗

在中观派之后发展起来的瑜伽行派，逐渐成为印度佛教的主流。在瑜伽行派发展的成熟时期，特别强调阿赖耶识的主导作用。玄奘在传译此派思想的基础上，创立了唯识宗。因其辨析一切事物（法）的相对真实（相）和绝对真实（性），又称法相宗；又因其创始者玄奘及其弟子窥基常住大慈恩寺，亦称慈恩宗。

玄奘（公元602—公元664年），洛州缑氏（属今河南偃师）人。俗姓陈，名祎，世业儒学。西行赴印求法后，翻译了大量的佛教典籍，是我国历史上著名的佛经翻译家，并培育了一批唯识学者。及门弟子甚众，有"百部疏主"之誉的窥基，继玄奘之后，推动了唯识宗和唯识学的发扬光大。玄奘本人没有专门的佛学论著传世，其佛学思想体现在他的佛教活动之中。关于唯识宗的教观体系，主要是玄奘的弟子窥基（公元632—公元682年）在玄奘所传唯识学的基础上组织起来的。

这个思想体系主要有唯识无境、八识、三自性、转识成智、五重唯识观等学说。

1."唯识无境"

唯识宗亦属大乘佛教，但非空宗，而为有宗，特点是以"有"解空。其基本观念是"唯识无境"或"万法唯识"，意谓内在的心识居于支配地位，能变现出一切相境。这样的"识"是唯一真实的存在，是"有"而非"空"。呈现在我们面前的一切事物和现象，即认识对象，纯粹是心识虚妄执著的结果，是心识的变现，不是独立的实际存在。

在唯识哲学的理念中，根、尘（境）结合所产生的凡夫之识，都属于对外境不同程度的执著，都是虚妄。只有破除妄见，转识成智，才能超凡入圣，获得正确认识。如此"根尘生识"的思想，不乏辩证唯物思想的合理性光辉，但其"境由心造""万法唯识"等命题，显然同存在决定意识的唯物史观是大不相同的。

2. 八识

瑜伽行派对众生的心识归结为八类，即眼、耳、鼻、舌、身、意、末那、阿赖耶，称为八识。这是唯识学分析名相、破斥名相的思维依据。

八识中，眼、耳、鼻、舌、身等五个感觉器官，各能感知、了别色、声、香、味、触等五境，由此产生了眼、耳、鼻、舌、身等五识。此五识只是依单纯的感觉作用，直觉地感知事物的某一个方面的属性。第六识意识能对内外之境进行比较、推测，具有知觉的整合作用，范围上也不分有形、无形，过去、现在、未来

▲ 玄奘像

三世，呈现出"广缘一切境"的特点，故称广缘识。同时，因其攀援的对象与前五识比较接近，故前六识常常被归结为"了别境识"。《成唯识论述记》卷二末中指出："以前六识同了粗境，异七、八故，合为一名。问：此前六识亦缘细境，如佛六识等，何故但名粗？答：一多分故，二易知故，三诸有情共可悉故，四内外道皆许有故，五大小乘所极成故，六不共义故，七、八二识不粗了故。"但在前六识中，意识之力最强。

3. 三自性

如果说"万法唯识"和"唯识无境"的命题是对宇宙本体的概括，那么，三自性说则是其对世界诸法相状的分析和价值判断。三自性，又称三性、三相、三性相，具体说就是"遍计所执性"（简称遍计执性，又名遍计自性）、"依他起性"和"圆成实性"。

至于三自性之间的关系，《成唯识论》卷九中说："依谓所依，即依他起与染净法为所依故。染谓虚妄遍计所执，净谓真实圆成实性，转谓二分转舍转得。由数修习无分别智，断本识中二障粗重故。能转舍依他起上遍计所执，及能转得依他起中圆成实性。由转烦恼得大涅槃，转所知障证无上觉。"从三性的角度看，染和净都是依他起性。染就是依他起性的杂染分，即遍计所执性；净就是依他起性的清净分，即圆成实性。只要不懈修行，转舍遍计所执性，而转得圆成实性，就是解脱。解脱成佛，本质上是内自我的转舍转得。这就是"转识成智"的学说。

4. "转识成智"

瑜伽行派分智为四，即成所作智、妙观察智、平等性智和大圆镜智。此四智分别与前五识、第六识、第七识和第八识相对应。"转识成智"就是转舍有漏之八识而得无漏之四智：转前五识为成所作智，转第六识为妙观察智，转第七识为平等性智，转第八识为大圆镜智。只有转八识得四智,才能断除烦恼障和所知障,解脱成佛,而获得最高的智慧。

与其他佛教宗派不同,唯识宗五种性说显然将一部分人排斥在成佛之外,而且同当时流行的法华、涅槃思想及主张人人皆可为尧舜的中国传统观念不符。这可能也是其在中国本土难以普及和发展的一个原因。

5. 五重唯识

关于唯识宗的修行方法,窥基在《大乘法苑义林章》的《唯识章》中提出了从宽至狭、从浅至深、从粗至细的五重唯识观:

一是遣虚存实识。即以为此心之境,是遍计所执的虚妄法,体用非有,故而遮遣;内心诸法,为依他圆成,体用非无,故而存留。此为虚实相对的观法。

二是舍滥留纯识。识有八种,各各有相、见、自证、证自证四分。此四分中,相分为所缘之境,后三分为能缘之识。而所缘之妄境,故舍彼而不取,唯存留后三分之纯识。此为心境相对的观法。

三是摄末归本识。相分是识所取之境,见分是了别境的作用,此二者均从识体生起,故识体为本,相、见二分为末,所以离开识之自体分,就没有相见二分的存在,故摄末归本。这是体用相对的观法。

四是隐劣显胜识。八识心王,各有其相应的心所,心王是主要作用,是胜;心所是相应作用,是劣。故隐去劣法之心所,以显胜法之心王。这是王所相对的观法。

五是遣相证性识。八识心王的自体分,是依他(因缘)所起的事相,八识心王之实性,是二空所显的真如——圆成实性。故舍遣依他起的事相,证得圆成实的理性。这是事理相对的观法。

窥基梳理出来的这五种秩序井然的观法,无非是教人排遣一切名相,转虚妄不实之识为般若智慧。但此种说明无疑过于繁难艰涩。

唯识宗的唯心主义特质，是不言自明的。虽然唯识宗思深意密，但流于艰涩，又坚持种姓说，否定一部分人成佛的可能性，这与中国传统文化的基本精神之间存在着一定的隔阂。因此，在经历了玄奘、窥基的辉煌之后，三传而绝，几成绝唱。

法藏与华严宗

华严宗发源于陕西终南山。北周末至唐初，终南山多有研习《华严经》的佛教学者。随着此风的盛行，专弘华严教观的华严宗也渐次形成。初期的代表人物有杜顺、智正、智俨。智俨最杰出的弟子法藏（公元643—公元712年）全面继承并大大发展了智俨的华严学说，系统阐述了华严宗的教观理论。因华严宗以《华严经》为根本典籍，故名；又因实际创始人法藏号贤首，也称贤首宗；以"法界缘起"为核心内容，表现"圆融无碍"的无尽缘起观，亦称法界宗。

华严宗的实际建立者法藏，祖籍康居（今乌兹别克共和国撒马尔罕一带）。公元670年武则天舍住宅为太原寺，法藏奉旨剃发，赐名贤首。毕生讲新旧《华严经》三十余遍，现存著作主要有《华严探玄记》《华严一乘教义分齐章》（略称《华严五教章》）、《华严金师子章》《华严游心法界记》《大乘起信论义记》等。华严宗建立于天台宗和唯识宗之后，在教、观两方面对于二宗都有不少的资取和借鉴，但立场迥异。经过法藏的努力弘扬，华严宗风行各地，成为唐代的一大宗派。华严宗的哲学思想主要是法界缘起说。

▲ 法藏

1. 法界缘起

华严宗认为："宇宙万法、有为无为，色心缘起时，互相依持，相即相入，圆融无碍，如因陀罗网，重重无尽。"对于这种你中有我、我中有你的无尽缘起的世界，华严宗用四法界、六相、十玄等法门给予了详尽的阐明。

关于四法界，华严宗各位祖师说法不一，按照华严宗四祖澄观的说法：

一等理法界故。经云："如法界一性如法界自性清净，善根回向亦复如是。其文非一。二等事法界。"经云："欲见等法界无量诸佛，调伏等法界无量众生，或愿起等法界无量行，或愿成等法界无量德，或愿得等法界无量果，皆即理之事也。三等理事无碍法界。"经云："愿一切众生，作修行无相道法师，以诸妙相而自庄严，则相无相无碍，皆其类也。四等事事无碍法界故。"经云："一佛刹中现一切佛刹等。然其四事全等四种法界，融而无二故，此能等即是所等，非有二物。"（《大方广佛华严经疏》卷三十）这就是说，四法界包括理、事、理事无碍、事事无碍四种。其中，理法界是指诸法彼此之间存在着的平等的理性，即真如；事法界是指宇宙万法，彼此差别，各有分齐；理事无碍法界是说有差别的事法与平等的理性之间互相溶融无碍，亦即事物本质与现象的统一；事事无碍法界是指彼此差别的事法之间由于理性同一，故能一一称性融通，一多相即而重重无尽。在这里，一即多，多即一，普遍性寓于特殊性之中，特殊性也离不开普遍性。

2. 六相、十玄门

为系统说明法界缘起的思想，华严宗又提出了六相、十玄门的观点。

六相包括：一总相，二别相，三同相，四异相，五成相，六坏相。华严宗依据《华严经》"十地品"所说，依六相而谈法界缘起事事无碍之义。在华严宗看来，一切缘起之法，必具此六相。就凡夫所见之事相而言，事相各各隔碍，不具六相；就圣眼所见之诸法体性而言，则于一一事相中见此六相圆融。

在华严宗看来，凡是要明白任一事理，必须要得到六相融和不离的意味才可以算是究竟。但是六相还只算是"顿门"中的理论，要想达到"圆门"中的境界，必须要依据十玄。关于十玄门，华严四祖澄观给予了系统的说明："一同时具足相应门，二广狭自在无碍门，三一多相容不同门，四诸法相即自在门，五秘密隐显俱成门，六微细相容安立门，七因陀罗网境界门，八托事显法生解门，九十世隔法异成门，十主伴圆明具德门。此之十门，同一缘起，无碍圆融，随其一门，即具一切……如天帝殿珠网覆上，一明珠内万像俱现，珠珠皆尔。此珠明彻，互相现影，影复现影，而无穷尽。下云如因陀罗网世界等，亦如镜灯重重交光，佛佛无尽。"（《大方广佛华严经疏》卷二）所谓"玄门"，即玄妙之门，显然是自《老子》处借代而来。十玄门以一切事物"相即相入"为核心，阐发存在的统一性、包容性和延续性，带有神秘的唯心论倾向，但其强调世界统一性的观念，仍然有其合理性的价值。具体阐述十玄门思想的著作有智俨的《华严一乘十玄门》，法藏的《华严一乘教义分齐章》《华严金师子章》等。

十玄无碍之说则是在六相说的基础上发展起来的。六相说就具体的事物而言，十玄门则是就整个世界万事万物及其相互关系而论。由十玄门的圆融无碍而及于现实世界一切事物的圆融无碍，因此，无论从哪个方面来讲，事事物物，圆融无碍而又有差别，不坏本相。法界缘起于是而得以成立。

3. 法界观

圆融无碍的思想，是华严宗最为重要的理论创新，也是指导华严宗人修行的理论依据。法界观就是华严宗的基本修行方法，它包含三重内容：（1）真空观。依理法界而立，观察一切诸法的本性即空；（2）理事无碍观。依理事无碍法界而立，观察诸事法与真如理互相交融；（3）周遍含容观。依事事无碍法界而立，观察以同一真如理为本性的每一件事物，遍摄无碍。

华严宗的修行阶位，主要有两种：一是次第修行，依据十信、十住、十行、十回向、十地、等觉、妙觉等次第由浅至深；二是圆融相摄，指得到一位就能前后诸位相即相入，圆融无碍。

毫无疑问，观法是佛教信徒的修证方法，看起来玄奥难解，但其思想无非是要说明世间一切事物均由法界缘起，一生万法，万法归一，事事无碍，周遍含容，充分表现了和谐统一的整体观念。

4. 五教十宗

基于圆融无碍的思想，华严宗对整个佛教还进行了独特的判教——五教十宗。五教包括小乘教、大乘始教、大乘终教、大乘顿教、大乘圆教。

十宗分别是：我法俱有宗；法有我无宗；法无去来宗；现通假实宗；俗妄真实宗；诸法但名宗；一切皆空宗；真德不空宗；相想俱绝宗；圆明俱德宗。前面的六宗，相当于五教中小乘教，亦即部派佛教时期的各种宗派；后面的四宗则对应于五教中的始、终、顿、圆。

华严宗的判教思想，是在吸收天台宗判教说的基础上重新加以组织而成的。尽管是对整个佛教教法的系统安排，但认为《华严经》教理最为圆满，华严宗是超过天台宗和唯识宗的最圆满的宗派，其法界缘起的学说则是最圆满的理论。

慧能与禅宗

禅宗的经典，首推《坛经》，其主体部分为六祖慧能的说法记录。

禅宗尊佛陀为始祖，而印土第二十八代菩提达摩于梁武帝时来到中国，为中土禅宗始祖。达摩传慧可，慧可传僧璨，僧璨传道信，道信传弘忍，是为五祖。五祖门下有高徒二人，一为神秀（约公元605—公元706年），一为慧能（公元638—公元713年）。因顿、渐之争，禅宗南北分裂，北方以神秀为六祖，南方以慧能为六祖。大约经过一个世纪的对峙，南宗赖慧能弟子荷泽神会（公元670—公元762年）之力，压倒北宗成为正统。

慧能禅宗哲学是一种以解脱为指向的实践哲学，其要义在于明心见性、顿悟成佛。所谓明心见性，首先是体悟到自心自性与佛直接的内在关联，简单地说，就是"即心即佛"。《坛经·付嘱品》云："自心是佛，更莫狐疑。"跟南北朝时竺道生的观点类似，慧能也坚持人人皆有佛性。《坛经·行由品》记载了慧能初参弘忍时的一段对话：

祖问曰："汝何方人，欲求何物？"慧能对曰："弟子是岭南新州百姓，远来礼师，惟求作佛，不求余物。"祖言："汝是岭南人，又是獦獠，若为堪作佛？"慧能曰："人虽有南北，佛性本无南北。獦獠身与和尚不同，佛性有何差别？"

从善恶的角度说，佛性也就是清净自性。《坛经·忏悔品》云："世人性本清净，万法从自性生。思量一切恶事，即生恶行；思量一切善事，即生善行。如是诸法，在自性中。如天常清，日月常明，为浮云盖覆，上明下暗，忽遇风吹云散，上下俱明，万象皆现。世人性常浮游，如彼天云。善知识！智如日，慧如月，智慧常明，于外著境，被妄念浮云盖覆自性，不得明朗，若遇善知识，闻真正法，自除迷妄，内外明彻，于自性中，万法皆现。"

▲ 慧能法师

初看起来，"世人性本清净，万法从自性生"的说法颇近于华严宗的真心缘起说。慧能甚至有时也使用"真如"一词："真如即是念之体，念即是真如之用。"（《坛经·定慧品》）细究起来，华严宗的真心缘起说以真心为现象生成的根据，其理论品格介乎本体论与宇宙起源论之间，此真心可称为宇宙之心。相形之下，慧能的自性或真如则落实于个体，它指向的问题是个体成佛的内在根据何在，而非世界的本体或源头何在。与此相应，在真心缘起说那里，万法的生起是被解释项，即用真心来解释万物生起；在慧能那里，万法的呈现则是解释项，即用万法呈现来解释清净自性（"心体"）的朗现。

清净自性或明或暗，暗则陷烦恼为凡夫，明则证菩提成佛道，二者的差别只在一念之间。"前念迷即凡夫，后念悟即佛；前念著境即烦恼，后念离境即菩提"（《坛经·般若品》）。"自性若悟，众生是佛；自性若迷，佛是众生"（《坛经·疑问品》）。"迷""悟"是不同的觉解程度，"凡""佛"则是个体生命与之相应的不同存在境界。"佛"不再是需要无数世修行才可能达到的遥远目标，而是可以在现世当下实现的切近者。

进一步看，从迷到悟的转变是一下子完成的，也就是说，悟是"顿悟"："忽然悟解心开。""从自心中顿见真如本性。"（同上）禅宗南北之争直接表现为"顿""渐"之争。《坛经·行由品》载有二偈，一曰："身是菩提树，心如明镜台，时时勤拂拭，勿使惹尘埃。"一曰："菩提本无树，明镜亦非台，佛性常清净，何处有尘埃？"第一偈相传为神秀所作，提倡勤拂拭的工夫。与之针锋相对的第二偈相传出自慧能。慧能认为，自性本自清净，本一切具足，一旦开悟，便"自见万法无滞，一真一切真"，所谓"若识自性，一悟即至佛地"（《坛经·般若品》）。二偈鲜明表达了两种不同的觉悟观：依第一偈，悟是渐修的过程；依第二偈，悟则是瞬间的状态。

那么，究竟如何实现从迷到悟的转变？关键在于"无念""无相""无住"。慧能说之甚详："我此法门，从上以来，先立无念为宗，无相为体，无住为本。"（《坛经·定慧品》）

"无念"不是"百物不思"，不是什么念头也没有，而是不受念头的束缚，"于念而无念"。同样，"无相"是"于相而离相"。"无相"从境上说，"无念"从心上说，其本质在于不执著，不执著于境相，不执著心念，是谓"无住"。

从"无念""无相""无住"的法门出发，慧能重新解释了"禅定"："何名禅定？外离相为禅，内不乱为定。外若著相，内心即乱；外若离相，心即不乱。本性自净自定，只为见境思境即乱。若见诸境心不乱者，是真定也。善知识！外离相即禅，内不乱即定，外禅内定，是为禅定。"（《坛经·坐禅品》）

经过这样一番诠释，禅定彻底摆脱了静坐这一原初最基本的身体行为样式。禅定不再限于坐，只要心定，无论行住坐卧担水砍柴，一切都是禅定。如此，禅定完全渗透到了日用常行之中。换个角度看，只要心定，日用即道，一切的庸言庸行都具有神圣的宗教意义。这时，修行无需刻意，修即在不修之中，所谓"无修之修"。这时，凡尘与净土一体两面，世间即出世间，所谓"佛法在世间，不离世间觉，离世觅菩提，恰如求兔角"！（《坛经·般若品》）

《坛经》奠定了禅宗哲学的基本格调。慧能之后，其弟子知名者除神会外，还有永嘉玄觉、南岳怀让与青原行思等。南岳与青原门下人才辈出，至晚唐五代时期，逐渐发展出沩仰宗、临济宗、云门宗、法眼宗、曹洞宗五家，再加上临济宗分化出来的黄龙派与杨岐派，则为七宗。

柳宗元的"自然"哲学观

柳宗元哲学最大的特色是在继承和发展王充朴素唯物主义元气自然观的基础上,恢复了宇宙论中的自然主义倾向。他在《天对》中明确指出:"本始之茫……惟元气存。"天道的运行变化无非是元气自动引发的。所谓"阴阳三合,何本何化""合焉者三,一以统同。吁炎吹冷,交错而功"。(《天对》)即是说天地宇宙是没有目的、没有意识的自然世界。

依此"自然"观,柳宗元极力反对自西汉以来的"天人相感"之说。他批评西周末年伯阳父把地震看作是亡国之兆的说法,宣称人事的祸福、国家的兴亡同自然现象的发生和变化没有任何关系。他说:"山川者,特天地之物也。阴与阳者,气而游乎其间者也,自动自休,自峙自流,是恶乎与我谋?自斗自竭,自崩自缺,是恶乎为我设?"这里用多个"自"字,用意都在强调元气的自然运化而不假外力,更不会干预社会人事。

对天人关系问题的不同回答,是古代唯物主义与唯心主义思想分歧的体现。柳宗元对天人关系的论述,是对荀子"明于天人之分"思想和王充元气自然论的继承与发展。他借助于"天""气"等物质性范畴,把外部世界客观化、对象化,并以此为基础,强调人在认知和改造自然、创造历史方面的主体价值,丰富了古代朴素唯物主义世界观。

第六章
宋明时期的哲学思想

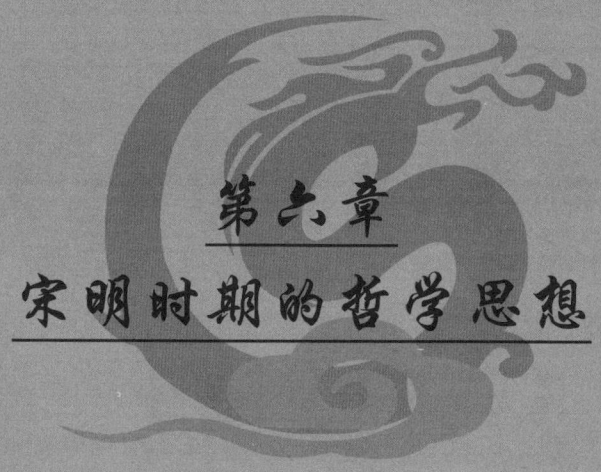

　　理学真正登上历史舞台是在北宋中期。在此之前,社会上首先出现的是一股复兴儒学的思潮,其目的是通过借鉴佛道的超越追求以再塑儒学。这一思潮展开的过程,同时也是儒学崛起、理学形成的过程。此外,宋明时期的哲学主要讲述的就是儒学与理学。

第一节　宋明时期的哲学浪潮

■ 宋明理学概述

《宋史》中的《道学传》把周敦颐、张载、二程、邵雍、朱熹以及他们的弟子列为传续儒学的正统，而南宋时影响较大的如陆九渊等并不在这个道统之中，但是他们所讨论的问题和话语系统却和道学传之中的人是一致的。因此，"道学"这个概念指称的范围较窄。

宋代的时候，"理学"一词较之"道学"有更广泛的内涵，直到明代王阳明之学兴起之后，"理学"才与另一个学派"心学"出现相对立的情况。明代的"理学"更多的是指朱熹格物穷理之学。我们今天使用的"理学"既包括了程朱"理学"，又包括陆王"心学"。在广义上，我们把宋明理学分为四个派系，另两个分别是气学和象数学。气学主要指张载开创的派系，气学主要的观点是世界由气构成，理在气学中的重要性没有在程朱理学中那么重要，这也是后来事功之学的一个重要思想来源。象数学主要是指邵雍的象数之学，他通过数来描述世界，其思想可归为象数学。

作为一代思潮，宋明理学有着一些和其他哲学思想一样的特点，同时也有其特殊的思想特点。

总的来说，宋明理学既深化着对性与天道的追问，也延续着天人之辩的哲学议题，理学主要关注的是以下几个方面的问题：

1. 万物的构成与秩序问题

在理学那里，天、宇宙、太极不仅仅是作为人的观察对象的客体而存在的，而且是与人一同构成了一个整体的意义，天道与人道是寓于同一整体中存在的。天是人之所以为人的根据，也是人性善的来源，是道德法则的形上根据。在这方面，理学家要解决的是天道以什么样的模式运行的问题。在这个问题中又包含着对普遍性与特殊性、共性与个性等哲学问题的探讨。与之相关的范畴有：太极、阴阳、理、气、道、器等。其中，"理"与"气"又是最重要的一对范畴。"理"有原则、法则、规律、应当等含义，在形上世界中，它是世界之所以成其为世界的原因；而"气"则是世界得以存在的载体。

2. 何为人的问题

这个问题首先涉及人的本质是什么，在宋明理学中，就是人的"性"是什么的问题。孟子的性善论在宋明理学家那里得到了普遍的认可，宋明理学家要解决的是性善论中存在的一些困难。可以说，对性的讨论是"人禽之辩"的延续和展开。其次，对人的讨论还涉及另一个问题，即人自身的不同规定及其相互关系的问题。这就涉及人的性、心、情如何相互作用的问题。这些问题构成了宋明理学的主要内容，宋明理学也因此被称为"性理之学"。其中，性与心、性与情的问题又是理性和非理性关系的问题。与这些问题相关的范畴有：性、心、情、天命之性、气质之性、良知、道心、人心等。

3. 修养工夫论问题

这是涉及成己成圣的学问。宋明理学家都

公认的是人性本善，人人有成为圣贤的可能性，通过道德修养，人就能明复自己本善之性，从而达到成圣的超越境界。这实际上是美德何以可能和如何可能的问题。理学家在这个问题上往往有较多的分歧，最突出的程朱、陆王之间的分歧，前者重格物穷理，后者重发明本心。与这个问题相关的范畴有：未发已发、格物致知、持敬、涵养、致良知等。

4. 人的存在意义问题

儒学一直以来都在用人伦之间回答着这个哲学问题，到了宋明理学这里，理学家给出了更具思辨性的说明。从最初对"孔颜乐处"的追求，到"浑然与物同体""民胞物与""尧舜气象""吾心即是宇宙"等，理学家在讨论这些问题时，都把人的存在意义作为关切的对象，这同时也是对佛老之学的一种回应。与之相关的范畴有：孔颜乐处、和乐、性即理、心即理等。

■ 宋初儒学复兴与"庆历新政"

作为社会思潮的理学发端于北宋庆历（公元1041—公元1048年）之际，它与当时的现实政治有着密切关联，可以说是北宋中期政治变革的产物。范仲淹等领导的"庆历新政"，是理学得以登上历史舞台的契机。

为根除自唐"安史之乱"以来藩镇割据的政治乱象，确保甫建的赵宋王朝能长治久安，宋初的最高统治者采取了"内外相制""上下相维"等种种措施，一方面使权力高度集中到了皇帝个人手中；另一方面则形成了以文官为核心、名实分离、叠床架屋的庞大官僚新体制。

到了宋仁宗时期，宋初确立的那一套制度和措施开始弊病丛生。各种社会矛盾激化，外患内忧接踵而至。窘迫的时势把以范仲淹、欧阳修为代表的一批要求改革的"名士"推到了政治的前台。庆历三年（公元 1043 年),"新政"拉开帷幕。

范仲淹等倡导的"新政",尽管以不触及最高统治者的忌讳问题(如兵权、武备等)而获得了皇帝的批准,但其改革措施因触犯了既得利益阶层而遭到阻挠与攻击,这使得"新政"步履维艰。不久,内外局势稍趋缓和,宋仁宗对更张政治也失去了兴趣。于是,历时不到一年的"新政",就在严防"朋党"的喧嚣声中宣告失败。

"庆历新政"固然昙花一现,但它引起了士林风气的变化。从这时开始,一种新的尚名节、重廉耻、尊儒学的风气逐渐形成了。北宋中期士风的转变,对理学崛起的影响至关重大。北宋的儒学复兴,首先是从士风的转移开始的。士风的转移引起士人学术兴趣乃至知识结构的转变。

范仲淹等以行政手段"复古劝学"、大兴学校,把当时一批著名的儒者如胡瑗、孙复、石介、李觏等团结在自己的周围,在思想学术上掀起一个复兴儒学的热潮。正如南宋黄震所说:"师道之废、正学之不明久矣!宋兴八十年,安定胡先生,泰山孙先生,徂徕石先生,始以其学教授,而安定之徒最盛,继而伊洛之学兴矣。故本朝理学虽至伊洛而精,实自三先生而始。"(《黄氏日钞·读诸儒书》)由于儒学教育的兴起,新型的学者群开始涌现,进而一种新学风和新的学术思想取向也随之出现。

庆历学者所提倡的儒学,并不是自汉迄唐所延续下来的章句训诂之学。相反,这种传统儒生所传习的学问,成了这一时期学者所集中批判的对象之一。当时学者一方面对儒学的衰微感到愤慨,强调要"通经学古";另一方面却把批判的锋芒对准了汉唐以来的儒家经学。当时,"世之儒者,以异于注疏为学。"(《李觏集·寄周礼致太平论上诸公启》)如范仲淹对《春秋》"三传"不满,对汉唐注疏亦多否定;欧阳修抨击唐人《五经正义》征引谶纬之书，撰《易童子问》怀疑《易传》的作者，著《毛诗本义》攻汉儒毛苌、郑玄之失，在《进士策问》中对《周礼》的真伪及能否施行提出质疑；胡瑗著《周易口义》取代王弼注和孔颖达疏，撰《洪范口义》以批评伪孔《传》；孙复著《春秋尊王发微》，抛弃"三传"而全凭主观畅抒胸臆，又痛斥汉唐各家注疏，进而提出要广召天下鸿儒硕老重注六经。当时的学者如石介、李觏、周尧卿、刘颜、士建中、陈襄等一批人，无不具有反传统经学的学术取向。

在庆历之际的儒学复兴思潮中，学者之所以要批评汉唐经学，是因为它们被视为回归孔孟、重返三代的内在障碍。与此相关的另一方面，则是要批判造成儒学每况愈下的外在对手，即佛道二教的"异端邪说"和士子必习的科举"时文"。于是，学坛上出现了以排佛为主的批判思潮，以及抨击形式华美、内容空洞的骈体文，倡言以散体取代骈体的古文运动。范仲淹、欧阳修、孙复、石介、胡瑗、李觏、苏舜钦、尹洙、蔡襄、章望之、黄晞、陈襄等人，都是当时排佛道、斥时文的积极参与者。

总之，伴随着求变呼声的高涨及"新政"的施行，庆历之际的新学风在学坛上兴起了一股批判的社会思潮。整个思潮在三个层面上展开，即怀疑和批判汉唐经学、排斥佛道二教和抨击四六骈文。这三个层面都与当时的社会背景有着千丝万缕的联系，是时代问题在思想领域的集中体现。虽然哲学家们力图解决理论领域内的问题，但这些问题的根源都是不同程度的社会问题。他们试图复兴中衰已久的儒学，以期对问题有一个全盘完整的解决。儒学的复兴思潮为呼之欲出的理学形态开辟了道路，也体现出哲学家们力图解决现实社会问题的艰苦努力。

■ 宋明理学的问题与发展

陈寅恪曾认为："佛教经典言：'佛为一大事因缘出现于世'。

中国自秦以后,迄于今日,其思想之演变历程,至繁至久。要之,只为一大事因缘,即新儒学之产生及其传衍而已。"确实,宋明新儒学亦即理学(又称道学)作为中国思想历数千载的演进而出现于世的一大事因缘,不仅为中国传统思想发展的巅峰,而且整整影响近世中国达七八百年之久,形成了一个所谓的"理学"时代。

理学是宋明时期占统治地位的官方哲学,但决不是唯一的哲学。在它开始形成时,与其相对立的王安石的"荆公新学"已经出现。同时,在理学内部也有唯物主义(如张载)和唯心主义(如程颢、程颐)之分,有客观唯心主义(如朱熹)和主观唯心主义(如陆九渊、王守仁)之分。而且从宋到明,始终存在着进步思想家和唯物主义者反对理学唯心主义的斗争,如陈亮、叶适对朱熹的批判,罗钦顺、王廷相对王守仁的批判,就是明显的例证。所以,宋明时期,在儒学复兴的总趋势下,仍然存在着不同学派的争论,这些争论促进了哲学的发展。

宋明时期,哲学论争的中心发生了重大的变化。这首先表现为:魏晋以来的"有无(动静)"之辩,经过长期的争论,到这时由张载作了批判的总结,接着便发展为"理气(道器)"之辩。这一哲学论争中心的转移,又是和"理欲"之辩直接联系着的。理学家要使封建等级关系具有形而上学的尊严,就不得不讨论"理气(道器)"关系,不得不鼓吹"理"的至高无上性。宋元明时期的科学技术的高度发展,也促进了这一哲学论争中心的转移;因为随着科学技术的发展,逻辑思维要求人们更深入、更多方面地考察关于规律("理")的范畴。唐人已经在考察"理"与"事""势"与"数"等范畴,到了宋代"理气(道器)"之辩便成了哲学争论的中心。同时,佛学作了多方面考察的"心"与"物"(法)的关系问题,这时也越来越同"知行"之辩结合在一起成为论争的中心,而这又是和科学反对僧侣主义的斗争密切相关的。理学唯心主义者教人拱手静坐、空谈心性、不求真知、脱离实践；为了反对这种僧侣主义倾向，在讨论"心物"关系问题的过程中，同时强调"知行"关系就是很自然的了。宋元明时期，书院林立，讲学风气盛行，辩论、讨论也盛行，形成了不同的学派，许多讲学者往往从自己的教育实践中概括出一些与认识论、伦理学有关的原理，这也是促使"心物（知行）"之辩成为哲学争论中心的一个重要条件。还有，宋人对"格物致知"问题的热烈的讨论，使"心物（知行）"之辩显得格外的突出。同上述两个哲学论争的中心相联系，"天人"与"名实"之辩，也仍以不同形式继续着。

另外，对于宋明理学中程朱理学与陆王心学的弊端，明清之际的许多思想家在那种"天崩地解"的社会大变动中曾作过深刻的反思、检讨和批判。正是在这种痛定思痛的反思、检讨和批判的基础上，后来清代思想学术的发展呈现出一番与宋元明思想学术有所不同的面貌。自梁启超经侯外庐至萧萐父，大体上把明末清初的思想家视为与理学不同的早期启蒙思想家。当然，梁、侯、萧等人并没有割断宋明学术与清学的联系，尤其肯定明清之际群星灿烂的思想家们对宋明理学的继承与扬弃。

明末清初的大家，北方的孙奇逢、李颙、傅山、颜元等，南方的黄宗羲、陈确、顾炎武、方以智、王夫之、张履祥、陆世仪等，都是杰出人物。钱穆也认为，这些人物表面上虽然沿袭前轨，精神上已另辟新径。但宋元明儒学七百年所积累的思想资源却是如此深厚，没有这些积累，不可能产生清初这些思想大师。并且，理学在清代仍然有生命力。因此，尽管清代的思想学术与宋元明思想学术有别，但两者间又有着不可分割的内在关联，故皆为中国近世哲学思想中不可或缺的部分。

第二节　宋明时期的著名哲学家

■ 周敦颐

周敦颐（公元1017年—公元1073年），字茂叔，道州营道（今湖南道县）人。周敦颐早年曾担任官职，后因厌倦官场而隐居于庐山莲花峰下，因其门前有一条小溪，故自称濂溪先生，他的有关学说也被称作濂学。他的主要哲学性的著作是《太极图说》和《通书》。

二程曾师从于周敦颐，周敦颐常让二程寻找孔颜乐处所乐何事，可以说二程的学问受到周敦颐的较大影响。

周敦颐被尊为理学开山之祖，《宋史·道学传》给予他很高的评价，"周敦颐出于舂陵，乃得圣贤不传之学。作《太极图说》《通书》，推明阴阳五行之理，命于天而论人性者了若指掌"。胡宏曾评论说："周子启程氏兄弟以不传之妙，一回万古光明，如日丽天，将为百世之利泽，如水行地，其功在孔孟之间矣。"（《宋元学案·濂溪学案》）朱熹赞之："道

▲ 周敦颐

丧千载，圣远言湮。不有先觉，孰开后人！《书》不尽言，图不尽意。风月无边，庭草交翠。"（同上）这都是后学从学问和气象上给予他的极高的评价。

1.《太极图说》的宇宙论模式

周敦颐的《太极图说》奠定和开创了一种全新的思想方式。他通过"人极"之说提出了一种解决问题的思路。一方面，其无极、阴阳、五行的宇宙模式为"人极""中正仁义"等规范性概念的根据提供了一个说明，另一方面，通过"人极""圣人定之以中正仁义"等概念又使得天道有了一种契合于圣学的规范性。这就提供了一条糅合实然与应然的思想路向，这也是天道与人道的关系问题。当然，周敦颐所完成的只是一个开端性的工作。

那么，周敦颐具体是怎么论述这种独具宋明理学特色的宇宙论的呢？

"立人极"是他论证的关键。"圣人定之以中正仁义而主静，立人极焉"。周敦颐在此用了"定"和"立"两个词，"定"和"立"都有动词义，表明中正仁义是圣人之所"定"，人极是圣人之所"立"。这就是说，"人极"是一种规范性的概念，是圣人对人性所作的规范。而这种规范又有其根据，所谓"惟人也，得其秀而最灵"，人得其秀，圣人才可能"定之以中正仁义"。那么，人所得到的"秀"又是什么呢？从何而来呢？这就是前文要论述的目的，前文论述的宇宙模式正是要引出"人得其秀"，同时，也通过"人得其秀"，天道就具有了与圣道相契合的规范性。由此，周敦颐宇宙论模式的内在的关怀也得到展示。

朱熹在注《太极图说》的时候引"上天之载，无声无臭"来说明"无极而太极"，说明"无极"不是一个太极之外的存在物，而是对太极的一个说明。经过无极——太极——阴阳——五行——万物这样的宇宙生成论论证，周敦颐就将太极之德一步步向下落实，直至落实到人身上，这就建立了一套具有伦理特色的宇宙生成论模式。

因此，能够保全自己之性的圣人才能与天地、日月、鬼神相合。阴阳五行化生万物而人得其秀，圣人"定"之以中正仁义，圣人之所"定"即是道。在此，周敦颐也就开辟了宋明理学的全新话语系统。在先秦儒学中，天道讲的比较少，到了宋代，一方面是佛老之学兴盛的外在推动，另一方面也是儒学自身的思想逻辑的需要，使得天道问题得以广泛展开。从根本上说，人是寓于世界之中、存在于世界之中，在世界之中活动的，天、地、人、万物一同在这个世界中展开，天地有生物之德，日月有明，四时有序，鬼神有吉凶，而圣人之所以为圣人就是因为圣人能合于此天地之道。因此理学家的宇宙论不是对宇宙进行的知识性的描述，而是一种人道诠释活动。这种诠释旨在为人道（或者是成圣之道）立一个根本的"人极"。

2.《通书》的思想

《太极图说》可以视为周敦颐的宇宙论、天道观，《通书》则是周敦颐哲学的具体落实，并且《通书》所构建起来的话语体系极大地推动了宋明理学的发展。朱熹在《太极通书后序》中给予太极图和《通书》极高的评价：

"盖先生之学，其妙具于太极一图。《通书》之言，皆发此图之蕴。而程先生兄弟语及性命之际，亦未尝不因其说。周敦颐在《通书》中详尽地论述了圣学之本。"《通书》开篇即言"诚者，圣人之本"（《通书·诚上》），明确地将圣人之本定为诚，学为圣人实际上就是要诚。那么，"诚"又是什么呢？周敦颐有明确的说明，围绕"诚"所建立起来的思想体系就是周敦颐《通书》的核心。周敦颐通过《易传》来说明诚："'大哉乾元，万物资始'，诚之源也。"《易传》的"大哉乾元，万物资始"

是指乾生万物，是万物之开始，天地有生万物的大德，"天地之大德曰生"（《易传·系辞》），因此，这里的"诚之源"实际上就是指万物之初生，是万物出生时本然之性。紧接着才会有"'乾道变化，各正性命'，诚斯立焉"。通过乾道的变化，万物之性与命各自得其理而正，也就是说"诚"之所立的就是万物如其所是之性。此性是由太极阴阳以至天地而生的万物之性，就是"纯粹至善者"（《通书·诚上》）。通过这样的论述，周敦颐将"诚""性""善"联系到了一起。成圣也就是至诚、保全自己本然之性而安就可以了，这就是"性焉、安焉之谓圣"（《通书·诚几德》），所以他说"圣，诚而已矣"（《通书·诚下》）。有了诚，则五常百行就有了源，这就给了儒家伦理一种客观性的解释，表明仁义礼智信是有其天道来源的。

有了善的来源，一个理论体系还不能在逻辑上完全成立，还要进一步解决恶的来源问题。周敦颐视动为恶的来源，即"诚无为，几善恶"（《通书·诚几德》）。诚是纯粹至善者，而"几"有善恶，所谓"几"是"动而未形，有无之间者"（《通书·圣》），即性之发用就有善恶分，这不是说动即是恶，而是说在动中善恶便有了分别，不再是纯粹至善。那么，在动中如何成圣呢？这就需要一个"正"与"和"的工夫，即"动而正，曰道。用而和，曰德"（《通书·慎动》）。

有了恶的出现，就需要"易恶"，这是《通书》的另一个重要的内容，即圣人之道向下落实的"教"与"化"的过程。所以，周敦颐说："故圣人立教，俾人自易其恶，自至其中正而止矣。"（《通书·师》）这需要立师道以"先觉觉后觉"（同上），因为圣人之德至诚而通天，所以圣人需要法天生万物之德，"以仁育万物，以义正万民"（同上）。

周敦颐在宋明理学发展史中的意义在于他建立了一套有自身特点的话语体系，其中蕴含较明确的问题意识，他的《太极图说》和《通书》

虽简短，但却启宋明理学之端，由此，他被视为理学的开山鼻祖。

程颢、程颐

程颢（公元1032—公元1085年），字伯淳，北宋著名的哲学家、教育家、诗人。后人敬称之为明道先生。程颐（公元1033—公元1107年），北宋著名的哲学家、教育家，后人称之为伊川先生。程颢与程颐二人既是亲兄弟，还曾在年少年一起跟从周敦颐学习，因此，被后人并称为"二程"。此外，他们还是北宋理学的奠基者。

因程颢与程颐一生中的大半时间都在洛阳讲学，因而，世人也称他们二人的学派为"洛学"。二程在政治上站在司马光、邵雍一边，反对王安石的新法；在哲学上则继周敦颐之后，把"理"作为最高的哲学范畴，初步建立了以理为本的理学唯心主义体系。强调道德原则对个人和社会的意义，注重内心生活和精神修养，形成了一个代表新的风气的学派。可以说，二程的思想，代表了两宋理学的主流。

二程的言论和著作，后人编为《二程全书》，主要包括：《二程遗书》《二程外书》《明道文集》《伊川文集》《伊川易传》《程氏经说》《二程粹言》等。

1. "体用一源"的理气观

韩愈曾说："佛有佛道，儒有儒道，儒家之道在历史上由文、武、周公传至孔、孟，而孟子之后儒家之道便失传了。"二程则以孟子的继承者自居，认为他们在孟子死后1400年，重新发现和体认到了

▲ "二程"像

这个圣人之道以及求圣人之道为内容的学问,这就是"道学"。这个道又叫做"理"或"天理"。二程特别重视并发展了关于"理"的学说。程颢说:"吾学虽有所授受,天理二字却是自家体贴出来。"(《外书》)这说明,二程在本体论上虽受到周、邵的思想影响,但自家却有所发展和创造。"理"或"天理"是二程哲学的出发点和终结点,也是宋明理学的核心。

那么,"理"或"天理"究竟是什么呢?二程哲学中的"理"或"天理"具有多方面含义:第一,"理"是指唯一的绝对的最高实体,是万物都要遵循而不可违反的原则,它不以人的意志为转移。第二,"理"是具体事物的准则,事物发展的必然趋势,是事物的"所以然"。第三,"理"是万物产生的根源,先于事物而存在着。第四,"理"就是封建的伦理纲常。

二程提出"天理论"的原因是,他们在思想上,总是能够将"形而上"与"形而下"区分开来。由此,二程还推算出有关"理"与"气"之间的关系。他们认为,"形而上"是"形而下"的根本,即"理"是"气"的根本。程颐说:"有理则有气。"又说:"有理而后有象,有象而后有数。"(《粹言》一)这就是说,理是第一性的,气是从属于理的。

在理、气关系问题上,程颐还提出了"体用一源"的重要命题。他说:"至微者,理也;至著者,象也。体用一源,显微无间。"(《易传序》)"体用一源,显微无间"为程颐在晚年所著《周易程氏传序》中所提出,作为对其哲学体系的简要概括,也是二程理气观的基本特征。因为在他看来,理无形无象故微而幽,象有形有状故显而著。理是体,象是用;理为根源本体,象为派生,是各种具体事物的表现;二者是同出一源,不可分离的。后来朱熹对此作了精辟的解释:"体用一源者,自理而观,则理为体,象为用,而理中有象,是一源也。显微无间者,自象而观,则象为显，理为微，而象中有理，是无间也。"（《朱文公文集》卷四十）。"体""用"这一对范畴之间，在中国哲学中，有第一性与第二性的不同，体是第一性的，用是第二性的，体决定用，用依赖体。从这点上说，二程坚持"体用一源"和"理体事用"，则无疑是一种唯心主义。

2."无独必有对"和"物极必反"的辩证法思想因素

二程辩证法思想的重要表现是关于矛盾问题的论述。程颢说："天地万物之理，无独必有对，皆自然而然，非有安排也。"（《遗书》十一）又说："万物莫不有对，一阴一阳，一善一恶，阳长则阴消，善增则恶减。斯理也，推之其远乎？人只要知此耳。"（《遗书》十一）所谓"对"，即矛盾的对立。不但矛盾普遍存在，从自然现象到社会伦理道德现象无不存在着，而且是客观的自然现象，并非神的意志安排。人们一定要懂得这一点。程颐亦说："道二，仁与不仁而已，自然理如此。道无无对，有阴则有阳，有善则有恶，有是则有非，无一亦无二。"（《遗书》十五）在二程的哲学体系中，"道"相当于"理"，"道无无对"即"理无无对"。将"道"自身看成"二"，无疑是深刻的。有对立的两端，就会发展为对立面的斗争。"仇，对也。阴阳相对之物"（《鼎卦》，《周易程氏传》四）。这里的"仇"，就是指的斗争。对立之间除了斗争的一面，还有相互依赖和相互渗透的一面。程颢说："理必有对待，生生之本也。有上则有下，有此则有彼，有质则有文，一不独立，二则为文。非知道者，孰能识之。"（《贲卦》《周易程氏传》二）又说："往来屈伸只是理也。盛则便有衰，昼则便有夜，往则便有来。"（《遗书》十五）这里的上下、彼此、质文、盛衰、昼夜、往来等无不是相互依赖，互为存在的前提，失去了一端，则另一端亦不复存在。二程把这种对立面的相互依赖称之为"相须为用"。正是这种矛盾的对立统一，矛盾双方的"相互交感""相须为用"，推动了事物的生生不息，"天地阴阳之气，相交而合，则万物生成"（《周易程氏传》一）。事物的产生和发展，就是矛盾的不断对立和统一的过程。

二程辩证法思想的另一个内容，就是提出了"物极必反"的重要命题。程颢在解释《睽卦·上九》爻辞时说："物极则必反，故睽极则必通，若睽极不通，却终于睽而已。"（《遗书》十七）"物极则反，事极则变。因既极矣，理当变矣。"（《困卦》，《周易程氏传》四）又说："物极必反，其理须如此。有生便有死，有始便有终。"（《遗书》十五）"极理而必反，理之常也。然反危为安，易乱为治。"（《周易程氏传》一）应该说，祸福相连、治乱相承，吉凶相生，矛盾到了极点便向相反方面转化，这是辩证法的重要内容。矛盾转化思想虽然在二程前早已提出，但作这样的高度概括，并以极其简洁的语言表达出来，不能不说是二程的贡献。

3．"格物致知"的认识论

二程的认识论是以"格物致知"为基础的。他们通过对《大学》"格物致知"的解释与分析，建立了自己的以"理"为本的唯心主义认识论。

什么叫"格物"？程颐认为，"格，犹穷也。物，犹理也。犹曰穷其理而已也"（《遗书》二十五）。因此，"格物"就是穷理。穷理的方法、途径是多样的："或读书讲明义理；或论古今人物，别其是非；或应接事物而处其当，皆穷理也。"（《遗书》十八）"理"在哪里？"理"既在身外又在心中，"在天为命，在义为理，在人为性，主于身为心，其实一也"。（《遗书》十八）因此，要在自身、内心修养上下功夫。可见，他所讲的格物致知，主要是指社会伦理方面的道德修养、内省体验功夫，所以程颐说："致知在格物，格物之理，不若察之于身，其得尤切。"（《遗书》十七）

二程还提出了知先行后的观点，认为知是指导行的。说："不致知，怎生行得？勉强行者，安能持久？除非烛理明，自然乐循理。"（《遗书》十八）先求知以明理，后循理而乐行，这有一定道理。程颐又说："须以知为本，知之深则行之必至，无有知之而不能行者。知而不能行，只是知得浅。饥而不食乌喙，人不蹈水火。只是知。人为不善，只为不知。"（《遗书》十五）他认为，人们不吃有毒的东西，人不蹈水火不是由于实践尝试的结果，而是由于什么先验之知的作用，得出了"以识为本，行次焉"的结论，颠倒了知行关系。在强调"知"的作用上，程颐还提出行难知亦难的观点。他说："非惟行难，知亦难也。《书》曰：'知之非艰，行之唯艰。'此固是也，然知之亦自艰。比如人欲往京师，必知是出那门，行那路，然后可往。如不知，虽有欲往之心，其将何之？自古非无美材能力行者，然鲜能明道，以此自知之亦难也。"（《遗书》十八）

从上可见，对知行关系问题，二程是重知轻行的。他们所说的行，不是指的社会实践，而多是属于个人的道德践履；多学多识，主要指的也是前古圣贤之言行。他们的认识论是和道德修养学说联系在一起的。

朱熹

二程一系的理学发展到朱熹，逐渐趋于系统化。朱熹（公元1130—公元1200年），字元晦，号晦庵，徽州（今属安徽）婺源（今属江西）人。朱熹师从杨时的再传弟子李侗，他以二程的理学思想为宗，同时吸收了张载、周敦颐等人的观念，在此基础上拓展了理学的内容，深化了理学所讨论的哲学问题。他著作颇丰，思想较有系统，可以说是理学的集大成者。他的思想对后世的思想、政治、伦理等方面都有较大的影响。

1. 理与性

理气论是朱熹哲学对世界的认识与思辨，和所有其他哲学思想一样，构成朱熹哲学另一面的必然是对人的认识。因此，理气论的构建实际上是要通过对世界的思辨来认识人的本质，因为人是存在于世界之中的存在者，人道原则必然与天道法则有可以勾连之处。和其他理学家一样，朱熹也赞同人性来源于天，天给予人的性就是理，是善，"大抵天之生物，便有常性，方寸之间万善皆足"（《答孙仁甫》，《朱子文集·卷六十三》）。

2. 知行先后

在理学中，知行问题首先是伦理学意义上的道德知识与道德实践的关系。总体上说，朱熹认为知和行都不可偏废，"致知力行，用功不可偏废"（《朱子语类·卷九》）。"知行常相须，如目无足不行，足无目不见"（同上）。不能因为强调获得道德知识而忽略践行，也不能因为强调践行而忽略道德知识的获取。

3. 涵养克己

朱熹哲学的最终指向自然是要落实到人的修养上来，落实到追寻人存在的意义和探讨何为人的问题上来。从太极阴阳、理气先后到未发已发，朱熹已经为他的为学工夫论奠定了"尊德性"和"道问学"两条路向，这也是对程颐"涵养须用敬，进学在致知"的为学工夫的进一步升华。在未发已发说中，朱

▲ 朱熹

熹强调"未发""已发"是心的两种不同状态，就已经给"涵养"未发和"克己"两种工夫留下了理论可能。在与张栻的论辩中，朱熹曾质疑张栻"四端之著，我则察之"的说法，因为"四端"著就意味着已发，如果只在这里用功，那么人本然即善的天命之性就不能涵养，而没有对未发的涵养，对已发的察识克己就会变得"浩浩茫茫"：

"所谓学者先须察识端倪之发，然后可加存养之功，则熹于此不能无疑。盖发处固当察识，但人自有未发时，此处便合存养，岂可必待发而后察，察而后存耶？且从初不曾存养，便欲随事察识，窃恐浩浩茫茫，无下手处。而毫厘之差，千里之谬，将有不可胜言者……且如洒扫应对进退，此存养之事也，不知学者将先于此而后察之耶？抑将先察识而后存养也？以此观之，则用力之先后判然可观矣。"（《答张钦夫》第四十九书，《朱子文集·卷三十二》）

由此可见，朱熹既重视对未发涵养，又重视对已发察识。这就是说，在修养方法上，他既重视对人本性中的道德理性保护，同时又强调对心作用于外物后产生的非理性行为进行分辨。

具体在如何涵养和如何察识克己上，朱熹也有完备的论述。由于涵养直接针对的是人的本性，所以，朱熹强调"居敬"的工夫。程颐尤其注重"敬"，朱熹继承了程颐这种修养工夫论。"敬"之所以能够通达理和善，是因为"性即是理"，理洁净空阔、纯善无恶，"只是我自有一个明底物事在这里"。因此，敬是存性的工夫，"人之心性，敬则常存，不敬则不存"（《朱子语类·卷十二》）。在具体做法上，"敬"指的是外表和内心都整齐严肃、严威俨恪，是内与外的表里如一。这就要求敬是发自于内心的，不是外在道德法则对人的约束，只有做到表里如一，才能贯通严肃与和乐，达到道德修养的至高境界。同时，"敬"又是《中庸》的"戒慎恐惧"的状态，是对天理保持敬畏，在独居独处的时候也能保持对天理的敬畏之心。"敬非是块然兀坐,耳无所闻,目无所见,心无所思,而后谓之敬。只是有所畏谨,不敢放纵。如此则身心收敛,如有所畏。常常如此,气象自别。存得此心,乃可以为学"(同上)。

与以"敬"为主的涵养工夫相对的是穷理察识克己的工夫。涵养针对的是性,是未发之中,是"大本"。按照《中庸》的说法,"喜怒哀乐之未发,谓之中;发而皆中节;谓之和"。也就是说心发用之后还需要"中节"的工夫。所以朱熹说:"大本用涵养,中节则须穷理之功。"(《朱子语类·卷六十二》)涵养实际上是"存天理",穷理是格物、察识的"道问学"工夫,也是克己的"灭人欲"工夫,这在朱熹思想体系中也是非常重要的。天理与人欲的关系实际上是理性道德和非理性行为之间的关系,在一定程度上,理性与非理性之间的界限不是截然分明的,天理和人欲同样如此。非理性的思虑和行为需要用道德原则审视,"灭人欲"就是朱熹对理性和非理性这个哲学问题的进一步追问。对朱熹而言,明本性的涵养和去人欲的格物两种工夫都不可偏废,并且克己寡欲和涵养之间不是次序的关系,而是动静之中都要有敬,动静之间都要克己去欲,"诚、敬、寡欲,不可以次序做工夫。数者虽则未尝不串然,其实各是一件事。不成道敬则欲自寡,却全不去做寡欲底工夫,则是废了克己之功也"(《朱子语类·卷十二》)。前面我们已经在认识论上阐述了朱熹的格物说,格物所穷的理中包含有善,而格物的对象也包括了人伦日用之事,因此,格物又是一种察识人具体道德行为的理性思索过程。通过"涵养须用敬,进学在致知"两种齐用功的工夫,朱熹对其修养论作了进一步的说明。

陆九渊

与朱熹将二程一系的学说在理论上加以完备化几乎同时，陆九渊也形成了其心学体系。陆九渊（公元1139—公元1193年），字子静，自号存斋，曾讲学于贵溪应天山，并将应天山易名为象山，由此又被称为象山先生。陆九渊一生不重著述，留下的大多是往来书信、单篇杂著及语录等。陆九渊去世后，陆九渊的儿子将其论著编成《象山先生全集》。中华书局于1980年出版《陆九渊集》。

1. 朱陆之争

陆九渊虽然并未置身于理学思潮之外，但在不少问题上却与朱熹存在重要分歧。他们一再往返辩驳，就理气关系等展开论战。

陆九渊曾致书朱熹，对后者在理气关系上的观点提出批评："至如直以阴阳为形器而不得为道，此尤不敢闻命。《易》之为道，一阴一阳而已……今顾以阴阳为非道而直谓之形器，其孰为昧于道器之分哉？"在陆九渊看来，朱熹将阴阳之气仅仅视为形器，而把它排斥在道之外，表明不懂得道、器之分。道与事（器）是不可分割的，道并不存在于事之外，"道外无事，事外无道"。这可以看作是对朱熹将理（道）归结为超验实体的责难。

在伦理学与价值观上，陆九渊对天理与人欲的对立也颇为不满："天理人欲之言，亦自不是至论。若天是理，人是欲，则是天人不同矣。"这里当然不是肯定人欲的正当性，而是反对把天理与作为主体的人彼此对立起来；在否定"天是理，人是欲"这种论点的背后，是对朱熹将外在天理与个体存在对立起来的批评。如果说，在博大庞杂的体系掩盖下，朱熹哲学的内在缺陷往往隐而不彰，那么，陆九渊的上述批评则掀开了朱学的帷幔，将其作为一个必须加以正视的问题提了出来。

2. 心即理

在心性关系上，与程朱"性即理"的命题相对，陆九渊提出了"心即理"的命题。陆九渊反对把理（道）归结于外在于形器的超验实体，他将这种道（理）安置于"心"之中："人皆有是心，心皆具是理，心即理也。"此处所说的心即理，无非是心与理的直接合一。朱熹亦说："心与理一。"心与理并不彼此分离，不过，理与心的统一并不是指心与理彼此等同或融合为一，它具体展开为心具理："心包万理，万理具于一心。"所谓心具理，也就是理内在于心而主宰心。心与理更多地表现为一种包含关系，所谓心具众理、心包万理，都点出了此义。这种关系所侧重的主要是相互联系的两个方面：即心以理为内容，理为心之主宰。而陆九渊心即理的基点则是此心（理具于此心），它实质上在抽象同一的形式下，将理消溶于此心："天下之理无穷……然其会归，总在于此。"正是在上述前提下，陆九渊又进而以心囊括万物："心之体甚大，若能尽我之心，便与天同。"

值得注意的是，陆九渊在此处明确地把心规定为"我之心"，而所谓我之心，也就是完全由自我支配之心。这种"由我"之心，实质上也就是仅仅具有个体性品格的"吾心"（小我）。陆九渊一再将心解释为个体之心，要求"尽我之心"，并强调此心完全听命于我："人之于耳，要听即听，不要听则否。于目亦然。何独于心而不由我乎？"在这里，心似乎被归入了与耳、目等感官相同的行列，并主要取决于个体的意志。这种完全由个体决定的心（由我之心）实际上已被抽去了理性等普遍规定，而表现为一种个体意识。当陆九渊说"能尽我之心，便与天同"时，即意味着以"吾心"涵盖万物。事实上，在陆九渊那里，类似下面的断论随处可见："此理岂不在我？""宇宙便是吾心，吾心即是宇宙。"这样，陆九渊即由强调理绝对同一于此心，进而将自我视为第一原理。

3. 简易工夫

与抬高吾心相应，陆九渊在认识论与方法论上提倡简易工夫："学无二事，无二道，根本苟立，保养不替，自然日新。所谓可大可久者，不出简易而已。"

真正决弃私利、私意，才能够立大义，因此，义利之辩自然成为立心的核心内容，陆九渊也一再强调义利之辩的重要性："傅子渊自此归其家。陈正已问之曰：'陆先生教人何先？'对曰：'辨志。'正已复问曰：'何辨？'对曰：'义利之辩'。若子渊之对，可谓切要。"在其白鹿洞书院《论语》讲义中，陆九渊直接以义利作为君子小人之辩的根据。

正是基于本心即理的观点，陆九渊提出了六经皆我注脚论："学苟知本，六经皆我注脚。"知本即把握核心的思想或原则，也就是"先立乎其大者"。按照陆九渊之见，儒家的观念主要体现于其基本的思想或原则之中，六经无非是对这些原则的不同阐述和发挥。主体一旦把握了这些思想主干，那么，六经便只能起具体的印证作用。这种方法论思想有限制六经至尊性这一面，主张自我的判断，肯定了独立思考。强调主体自身对天理的领悟而不是盲目地、绝对地服从，无疑具有限制经学独断论之意。但它同时又以自我的意见作为最高准则，容易导向师心自用。

▲ 陆九渊像

4. 自作主宰

由强调直指本心，陆九渊进而提出了"自作主宰"论。所谓自作主宰，首先意味着摆脱外部对象的制约："夫权皆在我，若在物，即为物役矣。"这种看法要求将作为主体性存在的人与作为对象的物区分开来，反对将人视为从属物的对象。陆九渊对主体的自主权能作了更多的考察："明得此理，即是主宰。真能为主，则外物不能移，邪说不能惑。"

在物与主体的对峙中，决定的方面是我而不是物。正由于主体具有自主的权能，陆九渊主张自作主宰："收拾精神，自作主宰。万物皆备于我，有何欠阙？当恻隐时自然恻隐，当羞恶时自然羞恶，当宽裕温柔时自然宽裕温柔，当发强刚毅时自然发强刚毅。"

总的来说，在陆九渊的后学中，心学中的个体性的方面往往受到了更多的关注。陆九渊的弟子杨简便由强调个体性而进一步将自我视为第一原理解："天地，我之天地；变化，我之变化。""在天成象，在地成形，皆我之所为也。"在这里，"我"多少被理解为世界的第一原理，它从历史影响这一层表明，陆九渊的心学虽然包含二重向度，但对"吾心""自我"的强化，似乎构成了更主导的方面。

■ 陈亮

陈亮（公元 1143—公元 1194 年），本名汝能，南宋时期著名的思想家、文学家，浙江永康县（今永康市）人，后人称之为龙川先生。著有《龙川文集》。

1. 事外无道

"道"是中国传统哲学一以贯之的最高范畴。陈亮继承前人的观点，有比较、有侧重地认为："道非出于形气之表，而常行于事物之间。"（《勉强行道大有功》，卷九）他又说："道之在天下，平施于日用之间。"

（《经书发题·诗经》，卷九）形上之道寓于形下的事物之中，事外无道，道外无事，故陈亮主张即事以尽道，强调大道流行于日用之间。他对大禹之事功、孟子之德业大加称赞。对孟子的"万物皆备于我"，他解释为一个事事物物皆不可舍弃的"我"，天下事物皆是身内之事、性之中物，因此人们必须在功用中充分注重物质需求的多样性和丰富性，并在身体力行的事功中把它实现出来，这样才是一个真切的"万物皆备于我"。陈亮说："有一不具，则人道为有阙，是举吾身而弃之也。"（《问答》下，卷四）由此他批判了那种以身心为内、以物用皆外的反本舍末的道学。针对当时南宋积贫积弱的形势，陈亮继承董仲舒的尊道、行道方面的观点，认为必须"勉强行道大有功"，才能富国强兵，保民雪恨。

2. 王霸并用

在陈亮看来，"理"固然是神圣至上的，但它并不是超然独立于社会历史之外的，反而正是"平施于日用之间"的。所以，"理"与社会历史是融贯一体、不可分割的；我们把握了历史，就可经由历史来洞悉"天理"。因而，历史的兴衰治乱不再是天理流行的附属品，其本身就具有了一种合"理"的价值。

对于朱熹王、霸截然对立的观点，陈亮颇不以为然。他认为，三代固然有许多圣王躬行仁义、德化教众的事迹，但也不乏"汤放桀于南巢而为商，武王伐纣取之而为周"（《又乙巳春书之一》，卷二十八）及周公平管、蔡、武庚之乱一类的争讨平伐，而后者显然是以武力取胜的霸道行为。在陈亮看来，三代这种"夹霸道于王道"的现实非但不会有损于三代王道盛世的神圣与崇高，反而使得三代王道的内容更加丰富，形式更加灵活，也更具有现实价值。

当然，"王霸并用"并不是说"王霸合一"，也不是说"王霸平等"。陈亮虽然看重霸道所展示的现实功业，但仍强调王道的主导地位。换言之，霸道不能是肆意妄为、逞强斗狠，而必须是"本之于王道"、受王道节制的。霸道纵使可以建立不世功业，但仍然也只能用来补充、辅助王道。所以王、霸虽无性质上的分歧，却仍有程度上的差异。陈亮用是否"做得尽"来形容这种程度上的差异："其大概以为三代做得尽者也，汉唐做不到尽者也"。（《又乙巳春书之二》，卷二十八）三代以王道为主，辅以霸道，故而更为合宜，是"做得尽"；汉唐虽亦有王、霸，但由于上接"三王之心迹"或有"不尽""不备"之处，所以王道、霸道的配合仍有失宜之处，是"做不到尽"。如此一来，陈亮以王、霸之间程度的差异取代了朱熹所坚持的王、霸性质上的对立，使霸道统摄于王道之下并补充、佐助王道，从而论证了"王霸并用"的合理性，也肯定了功利事业的现实价值。

3. 义利双行

朱熹、陈亮由王霸之争进而延及义利问题的争辩。陈亮不同意朱熹关于义、利关系的理解。为了配合"王霸并用"之说，他提出了"义利双行"的主张。

与"王霸并用"中霸道补充、辅助王道的形式一样，在"义利双行"之中，"利"也是用来补充和辅助"义"的。否则，"利"就容易滑向私心杂欲的陷阱。要趋利忘义，又要明白圣人并非真的排斥一切功利。由此他批评了董仲舒的"正其谊不谋其利，明其道不计其功"之类的观点。

因此，陈亮的"义利双行"所主张的乃是"正其谊而谋其利，明其道而计其功"，也就是把美好的愿望与完美的效果结合起来，在理学空言性理、不切实际的风气之外，提倡一种关注现实、重视实效的事功之学，以此来冲击理学。他尖锐地指出："今世之儒士，自以为得'正心诚意'之学者，皆风痹不知痛痒之人也。举一世安于君父之仇，而方低头拱手以谈性命，不知何者谓之性命乎？"（《上孝宗皇帝第一书》，卷一）客观地讲，陈亮此言确实有偏激之处，但对于少数埋头死读书的迂腐理学家确有振聋发聩之功。有感于国仇家恨，有愤于腐儒麻木，陈亮高唱"堂堂之阵，正正之旗，风雨云雷交发而并至，龙蛇虎豹变见而出没，推倒一世之智勇，开拓万古之心胸"（《又甲辰秋书》，卷二十八），断然举起事功之学的大旗，主张"功到成处，便是有德；事到济处，便是有理"（陈傅良引陈亮语，《答陈同父三》，《止斋集》卷三十六）。

纵观朱、陈二人王霸、义利之辩，我们发现这场论辩其实是不对称的。细细分析，这种不对称表现在两个方面：

一方面，二人以历史道德为核心的学术争论，其实并不是在同一层次上展开的，因而也并非如他们所想象的那样针锋相对、你死我活。

另一方面，陈亮在与朱熹探讨学术问题时，一直试图突破理学家们对性理之学的较为严格、较为狭窄的定义范围，而努力用孔子思想中的多面相性和北宋之初学术的多元性来改造理学。

应该说，二人论辩的这两方面的不对称性，恰好反映了传统理学与事功之学的根本差异，也体现了陈亮关注现实、以事功之学来批评和改造理学的尝试。

陈献章

黄宗羲说："有明之学，至白沙始入精微。"（《明儒学案·白沙学案》）黄宗羲的这一评价，较客观地揭示了陈献章对明代心学崛起所起的作用。陈献章（公元1428—公元1500年），字公甫，号石斋，广东新会白沙村人，世称白沙先生。陈献章亲历了明统治者以朱学为官方哲学的种种弊端，而他则以其终生未仕的经历，完成了明代儒学由理学向心学的转变，他本人也因此而成为明代心学的奠基人。

1. 以自然为宗

关于陈献章的学说，刘宗周与黄宗羲都认为是以自然为宗。所谓"自然"，对陈献章来说，起初只是一种不受拘束的性格旨趣。在吴与弼门下时，他便因早上迟起而受到吴与弼的批评。归故里后，他继续按吴与弼的老路探寻圣贤之道，所以就有了"日靠书册寻之，忘寝忘食"之经历。当时，陈献章主要是在寻找一种"心与理一"的心理状态，所以其"未得"就是指"此心与此理未有凑泊吻合处"。在他看来，"心与理一"也就是"色色信他本来，何用尔脚劳手攘？舞雩三三两两，正在勿忘勿助之间"（《陈献章集》卷二，《与林郡博》）。总之，一切都应当是自然而然，不待安排。实际上，这也是宋明儒学家所共同遵奉的尽心知性的境界，而陈献章却试图在个体的人生实践中实现这种境界，因而不是"未知入处"，就是"终未有得"。于是就有了"舍彼之繁，求吾之约，惟在静坐"的"静中养出端倪"。

本来，陈献章对自然境界的追求，可与明儒的"笃践履"统一起来，也可以在人生实践中追求这种境界，但他洒落的生性却与当时儒学谨守圣贤之训的规矩相冲突。这样，他便以"捐耳目，去心志"的方式表现其追求境界的自然了。他强调"为学须从静中坐养出个端倪来，方有商量处"（《陈献章集》卷二，《与贺克恭黄门》），可是，陈献章的静坐或主静所见却主要是自然；正是在"心与理的自然为一"中，使他达到了高妙而不容凑泊的见地：

"终日乾乾，只是收拾此而已。此理干涉至大，无内外，无终始，无一处不到，无一息不运。会此则天地我立，万化我出，而宇宙在我矣。得此霸柄入手，更有何事？往古来今，四方上下，都一齐穿纽，一齐

收拾,随时随处,无不是这个充塞……虽尧舜事业,只如一点浮云过目,安事推乎?"(《陈献章集》卷二,《与林郡博》)

乍看起来,这都是些豪杰性的大话,但在陈献章主静多年之后,当是真有所见的。不过,对他来说,所有这些只具有感受的真实性,因为这样的天地宇宙完全是道德直觉的产物;其心与理的合一,也是直觉体验式的合一。所以,陈献章的自然,也就是在他的人生实践与道德直觉中,万事万理的自然而然与不待安排了。

2. 归于自得

"自得"是陈献章学说的最后归宿。那么,"自得"意味着什么呢?陈献章曾对其为学之路作过详细说明:"夫学有由积累而至者,有不由积累而至者;有可以言传者,有不可以言传者。夫道至无而动,至近而神,故藏而后发,形而斯存。大抵由积累而至者,可以言传也;不由积累而至者,不可以言传也……斯理也,宋儒言之备矣。吾尝恶其太严也,使著于见闻者不睹其真,而徒与我哓哓也。是故道也者,自我得之,自我言之,可也。不然,辞愈多而道愈窒,徒以乱人也。君子奚取焉?仆于义理之原,窥见仿佛,及操存处大略如此。"(《陈献章集》卷二,《复张东白内翰》)

在这一段剖白中,陈献章将宋以来的为学路向划分为两种,即由积累而至又可言传的时儒之路,另一条则是他自己的不由积累而至、不可言传的直觉体认之路。由于他反感朱子之学条分缕析的言传之路,因而坚持只有直觉体认,才能自我得之,自我言之。显然,他的"自得"也就是不依傍教条的自我体悟。他将自己早年的"靠书册寻之"一律称为"未得"。

不过,其自得首先是通过静坐实现的。当陈献章"靠书册寻之"而"终未有得"时,便"舍彼之繁,由吾之约,惟在静坐。久之,然后见吾此心之体，隐然呈露，常若有物"。这种自得的方式显然是直觉的。这种"得"，虽然不同于日用伦常中事上磨炼的"得"，但在与自然融合为一的过程中毕竟加进了体认的成分。最后，经过二十余年的努力，"乃大悟广大高明不离乎日用"（《白沙先生墓表》），这才接近了道德实践中的"得"。

陈献章这三个层次的"自得"，基本上代表了其一生进学的阶段。由于在他的学说中第一二层次的"自得"占的比重较大，所以人们常疑他近禅或近道。实际上，他虽对道与禅的方法有所借鉴，但作为其追求指向的"心与理一"却无疑是属于儒家的，其"自得"的归宗亦非儒家莫属。只是由于他以"不可言传"的"得"排斥"可以言传"的"得"，故使其学说有放言高论甚或标新立异之嫌，而他影响较大的"静中养出端倪"，又使他有"浅尝捷取"之讥。所以，刘宗周说他"识趣近濂溪，而穷理不逮，学术类康节，而受用太早"（《明儒学案·师说》）；而陈献章的"自得"在丢掉了体认工夫之后，便有可能成为一种思辨的大话。对宋明儒学来说，这又是一种非常危险的倾向。

湛若水

湛若水（公元1466—公元1560年），字元明，广东增城人。因家居增城之甘泉部，世称甘泉先生。湛若水于27岁中乡试，翌年会试下第，入陈献章门下，深得器重。因提出"随处体认天理"，被陈献章视为思想的继承人。公元1505年，湛若水进士及第，授翰林庶吉士，结识了正讲"身心之学"的王守仁，于是"共以倡明圣学为事"。此后，湛若水与王守仁相羽翼，将明代心学推向了高潮。

湛若水师从陈献章，又与心学的集大成者王守仁"一见定交"，这种特殊的经历使他非心学莫属。正因为这一点，人们常视他为陈献章与王守仁之间的思想中介。实际上，湛若水虽处于陈献章与王守仁之间，却并非二者思想之中介与桥梁。

1. 心体物而不遗

虽然湛若水在陈献章门下时即提出了"随处体认天理"之说，但这一思想直到与王守仁"致良知"并行时才得到了圆满的发挥，而作为其思想核心的恰是从陈献章处继承的"心体物而不遗"的思想。

"心体物而不遗"的实质是所谓"大心"说。湛若水曾作《心性图说》，专门揭示心与宇宙万物的关系，他说："心无所不贯也……心无所不包也。包与贯，实非二也。故心也者，包乎天地万物之外，而贯夫天地万物之中者也。中外非二也。天地无内外，心亦无内外，极言之耳矣。故谓内为本心，而外天地万物以为心者，小之为心也甚矣。"（《明儒学案·甘泉学案》）在这里，湛若水显然是将心与天地万物看作直接等同的，由于他排斥陈献章心学中的直觉成分，因而其心与天地万物的等同，便只是一种"中外非二""包贯非二"的思辨合一式的等同了。正是基于这种等同，所以湛若水又认为凡是"外天地万事以为心者"，都是"小之为心也甚矣"。

在这种思辨大心的基础上，他的"心体物而不遗"便不再具有体认的成分，而恰恰是一种思辨的"认得"。他在与王守仁关于格物之辩中说："格物之义，以物为心意之所著。兄意只恐人舍心求之于外，故有是说。不肖则以为，人心与天地万物同体为心体物而不遗，认得心体广大，则物不能外矣。故格物非在外也，格之致之，心又非在外也。"（《明儒学案·甘泉学案》）关于内与外，湛若水与王守仁一直有着不同的理解，王守仁是在道德与认识以及个体本心与天地万物的区别这两个层面上谈内外的，而湛若水则始终坚持"认得心体广大，则物不能外矣"。所以他认为从格致诚正到宇宙万物都非在外。作为结论，这也许无可指责，问题在于如何达到这一"非外"的见地，由于湛若水排除了陈献章的直觉体认，因而只能是思辨的"认得心体广大"了。这样以来，他的"心体物而不遗"，事实上便只是思辨的"心物不二"式的"不遗"了。

2. 湛若水心学的特殊走向

湛若水的心学是从陈献章出发的，他的心与天地万物、心与理、心与事的合一，无疑是对陈献章自得之学的直接继承。不过，由于他与陈献章在性格、经历上的差异，因而对陈献章的学说又有所修正。首先，他放弃了陈献章的"静中养出端倪"，把陈献章的以静坐"忽见此心之体"包含在他的体认天理的"随静随动之中"；其次，他又将陈献章的"以自然为宗"改变为"主一""求中正之心"的"勿忘勿助"的精神状态。所有这些，当然都是纯正的儒学进路，也可看作是对陈献章心学的发展。

但是，由于湛若水既不具有陈献章"惟日靠书册寻之，忘寝忘食"的经历，也没有陈献章"或浩歌长林，或孤啸绝岛，或弄艇投竿于溪涯海曲"的过程，所以，陈献章心学中的直觉与灵气，又几乎与他无缘。这样，在他的哲学中，便只剩下了比较干枯的"不二"说，如心与天地万物不二、心事不二、心道不二等，所有这些"不二"，在离开了体认直觉的条件下,很有可能演化为一种概念的思辨；而作为工夫次第，往往又让人有摸不着头脑，找不到入手处之感。

从湛若水放弃静坐，反感以自然为宗而又坚持大心说来看，他有点近于陆九渊，他的心理、心物、心道关系也都可以从陆九渊心学中找到出处。但是，陆九渊心学的根基在于孟子，并且是直接以孟子的"先立乎其大"来展开自己的思想体系的，而湛若水的思想根基却不在孟子（他曾作《求放心篇》，怀疑孟子的求放心之说），所以，他也没有陆九渊那样高屋建瓴的道德直觉与统摄力。最为重要的是，他还试图以心事合一的"不二"逻辑来统一朱陆之争，认为"在心为性，在事为学；尊德性为行，道问学为知。知行并进，心事合一，而修德之功尽矣"（湛若水：《圣学格物通》卷二十七，《进德业》二）。这显然是在朱陆之间去两短，集两长。不过，这也同时说明，他并没有看到尊德性与道问学分歧的深刻性，没有看到道问学之知与尊德性之行能否真正统一起来。

在宋明诸儒中，湛若水最尊崇的是周、程（颢），认为"明道得孔孟、濂溪之传者也，故其语学语道，上下体用一贯，大中至正而无弊……故愚尝云：乃所愿则学明道也"（《甘泉先生文集》卷七，《答太常博士陈惟浚》）。甚至说："夫遵道何为者也？遵明道也。明道兄弟之学，孔孟之正脉也，合内外、彻上下而一之者也。"（《甘泉先生文集》卷十七，《叙遵道录》）但是，明道的"心物不二""浑然与物同体"，指的是一种道德境界或道德气象，而湛若水却试图以思辨的"不二"逻辑来接近之，这无疑是无法和明道相比的。

终上所述，湛若水曾仔细钻研陈献章、朱熹、陆九渊等人的哲学著作，试图在心学的基础上将理学完整地统一起来。这为后来的王阳明研究心学提供了强有力的支持，尽管王阳明的心学理论与湛若水有所不同，但是万变不离其宗，还是属于心学的范畴。

王阳明

经过宋元时期的衍化，理学在明代得到了进一步发展，并在王阳明的哲学中取得了新的形态。王阳明（公元1472—公元1529年），名守仁，字伯安，浙江余姚人。曾筑室于余姚阳明洞，故有阳明之号，

▲ 王阳明

并以此行于世。其为学经历,初则泛滥于词章,继而"遍读考亭(朱熹)之书",后因不满于朱学而一度出入于佛老,但不久又悟其非而摒弃之。经过长期的探索,建立了以良知与致良知说为主干的心学体系。王阳明一生讲学不辍,弟子甚众,其心学因此而在明中叶以后盛极一时。王阳明的著作主要保存于《王文成公全书》,1992年上海古籍出版社出版了整理点校本《王阳明全集》。

与良知说相联系的是致良知说。大体而言,在王阳明那里,致良知之"致"包括二重含义。首先是"至",亦即达到,它并不意味着经验知识的增加,而是以内在良知的自觉意识为目标。"致"的另一含义是"做"或推行,王阳明本人对此也有更为明确的概括:"决而行之者,致知之谓也。"这一意义上的致良知,已与知行之辩相融合,其理论意蕴,将在讨论知行之辩时再作具体考察。

王阳明首先对良知的本然状态与明觉状态作了区分,前者带有自在的性质,后者则是对良知的自觉意识;从本然走向明觉,以"致"为其中介。良知作为内在的道德意识,具有先天的性质,但先天地形成并不意味着先天地达到明觉,良知作为理性的原则固然是先天的,但其作用却并不能完全离开后天的致知活动。正是在此意义上,王阳明认为:"人孰无是良知乎?独有不能致之耳。"并一再批评当时人们将"致"字看得太易。

综合起来看,就"至"(达到、实现)这一侧面而言,致良知既表现为从先天的道德本原走向现实的德性,又意味着化本然之知为明觉之知（不断达到对良知的自觉意识）。良知虽由天之所赋而内在于人心，但如果仅仅停留在这种自在的形态，则"虽曰知之，犹不知也"，唯有通过"致"，才能真正使之实有诸己。王阳明对良知与致良知关系的如上规定，表现了统一先天之知与后天之致的思路。从儒学的演进看，知致的这种统一可以视为孟子的良知说与《大学》的致知说的某种融合，就其心学的内在结构看，它又构成了本体与工夫论的逻辑前提。

王阳明认为，良知先天就应该被赋予精神本体的意义，而致良知则是后来才形成的，从逻辑上分析，良知与致良知之间就如同本体与工夫之间的关系。当然，王阳明更注重本体与工夫相统一。总的来说，王阳明至始至终都没放弃对本体（良知）的先验设定，不过，王阳明本身也承认只有在后天的工夫展开时，先天本体才具备现实性的品格。

作为把握本体（良知）的必要环节，致知工夫被看作是一个过程。王阳明很注重致知工夫的过程性，并从不同侧面对此作了考察。从主体看，其认识潜能虽然存在于先天的本原之中，但唯有经过后天"盈科而进"的发育过程，才能转化为现实的能力："为学须有本原，须从本原上用力，渐渐盈科而进。仙家说婴儿，亦善譬。婴儿在母腹时，只是纯气，有何知识？出胎后方始能啼，既而后能笑，又既而后能识认其父母兄弟，又既而后能立能行、能持能负，卒乃天下之事无不可能：皆是精气日足，则筋力日强，聪明日开，不是出胎日便讲求推寻得来。"主体的如上发育成熟过程，从个体认识能力发展的维度决定了致知工夫的过程性。

作为过程的致知工夫又在阶段上分为："我辈致知，只是各随分限所及。今日良知见在如此，只随今日所知扩充到底；明日良知又有开悟，便从明日所知扩充到底。如此方是精一工夫。"在主体认识能力上逐渐加强，所谓的"分限所及"，就是指在一定阶段所能到达的层面。作为本体的良知蕴含着许多的意味，主体只有在达到较高的认识事物的能力与知识背景的前提下，才能对良知有更加深入的理解。这种感悟，又使新的致知背景得以生成。王阳明将主体在致知过程中的境界划分出三重，即"夭寿不贰、修身以俟""存心事天""尽心知天""譬之行路，尽心知天者，如年力壮健的人，既能奔走往来于数千百里之间者也；存心事天者，如童稚之年，使之学习步趋于庭除之间者也；夭寿不贰、修身以俟者，如襁抱之孩，方使之扶墙傍壁而渐学起立移步者也"。这三者当然并非彼此悬隔，而是展开为一个前后相继，由今日到明日的演进过程，但其间又有层次的不同，致知工夫只能循序而进，不能超越阶段。从道德意识的发展看，过程总是由阶段所构成，每一阶段的道德意识，往往以前此所形成的意识背景为出发点，并由此积累新的道德认识，后者又进一步化为新的道德意识和视域，并指向更高阶段的认识。离开了层层递进的阶段，过程往往会被架空。王阳明对致知工夫的如上考察，多少有见于此。

致知过程虽不可超越，但这并不意味着这一过程仅仅表现为日积月累。在王阳明看来，工夫积累到一定阶段，就会豁然有见："今且只如所论工夫著实做去，时时于良知上理会，久之自当豁然有见。"豁然有见可以看作是致知过程中所达到的飞跃，通过这种飞跃，主体对良知的体认即达到了一种新的境界。不过，王阳明同时认为，豁然有见并不是致知过程的终结；在有所见之后，工夫还应当进一步展开，以求获得新的理解："工夫愈久，愈觉不同。"王阳明特别强调了这种过程的无止境性："只这个要妙，再体到深处，日见不同，是无穷尽的。"如果说，豁然有见肯定了致知过程的间断性，那么，"无穷尽"则突出了致知过程的连续性。

王阳明所说的致知工夫固然不能等同于一般意义上的认识过程，但也包含着某种认识论的意义。然而，从总体上看，王阳明的致知过程论以良知的先天预设为其逻辑前提，这就使它难以避免内在的理论张力：一方面，良知作为先天之知，其内容不仅是通过天赋而一次完成的，而且具有终极的性质，后天的致知不能对它作任何增减；另一方面，达到良知（对良知的自觉把握）又必须经历一个"无穷尽"的过程；"致"突出了过程性，而良知的天赋性又排斥了过程。正是先天之知与后天之致（致知过程）的以上张力，从一个侧面赋予王学以二重性，并最终导致了王门后学的分化。

 拓展阅读

王安石的"性本情用"说

王安石（公元1021—公元1086年），江西临川人。

对于人性论这个复杂的问题，王安石不同意性善、性恶、性善恶混的观点。认为性和情是不可分的，"性者情之本，情者性之用。故吾曰性情一也"（《性情》）。王安石认为，"喜、怒、哀、乐、好、恶、欲，未发于外而存于心，性也"。"喜、怒、哀、乐、好、恶、欲，发于外而见于行，情也"。性存于内，是不可见的；情发于外。是可见的。二者一里一表，实际上是一个东西，故曰："性情一也。"（《性情》）

"性情一也"，善恶又从哪里来的呢？王安石认为，七情是性的本能。发动当理，就是善，是君子；发动不当理，就是恶，是小人。善恶是从性发为情当理与否来区分的。他认为，前人所谈的性都不是性，而是情。性只是反应的本能，不可以言善恶；发动而为情，反应有当否，才分出善恶。他的结论是："故曰有情，然后善恶形焉。然则善恶者，情之成名而已矣。孔子曰：'性相近也，习相远也。'吾之言如此。"（《原性》）

王安石把"习"理解为"注错习俗",即人们置身的行业、生活的环境对人们的影响。他说:"习于善而已矣,所谓上智者;习于恶而已矣,所谓下愚者;一习于善,一习于恶,所谓中人者。"(《原性》)可贵的是,王安石对孔丘的"帷上智下愚不移"作了自己的解释。他认为天生不移的人是没有的,"帷其不移,然后谓之上智,帷其不移,然后谓之下愚,皆于其卒也命之,夫非生不可移也",(《性说》)人是可以迁善改过的。人性可以为善,为善是正性,是正常的。人性可以为恶,为恶不是正性,是不正常的。人所应当努力的,是修其正性,使性得到正常的发展。

图片授权

全景网

壹图网

中华图片库

林静文化摄影部

敬　启

　　本书图片的编选,参阅了一些网站和公共图库。由于联系上的困难,我们与部分入选图片的作者未能取得联系,谨致深深的歉意。敬请图片原作者见到本书后,及时与我们联系,以便我们按国家有关规定支付稿酬并赠送样书。

　　联系邮箱:932389463@qq.com

参考书目

1. 黄绍层．中国古代哲学．广州：华南理工大学出版社．1996
2. 冯友兰著，赵复三译．中国哲学简史．北京：世界图书出版公司．2013
3. 方立天．中国古代哲学．北京：中国人民大学出版社．2012
4. 张建安．中国古代哲学．湖南：湖南科技技术出版社．2009
5. 李俊．中国古代哲学．北京：人民卫生出版社．2012
6. 陶黎铭，姚萱．中国古代哲学．北京：北京大学出版社．2010
7. 王双双．中国古代哲学．北京：北京大学出版社．2009
8. 宋志明等．中国古代哲学研究．北京：中国人民大学出版社．1998
9. 何郁．中国古代哲学十五讲．北京：商务印书馆国际有限公司．2015
10. 曾凡跃．中国古代哲学纵与横．北京：群众出版社．2003
11. 刘培育．中国古代哲学精华．甘肃：甘肃人民出版社．1992
12. 王少丹．中国古代哲学新探．北京：中国国际广播出版社．1999
13. （美）王双双．中国古代哲学——北京：北京大学出版社．2009
14. 张连良．中国古代哲学要籍说解．吉林：吉林大学出版社．2006
15. 魏义霞．中国古代哲学研究．北京：人民出版社．2012
16. 宋志明．中国古代哲学发微．北京：中国人民大学出版社．2012

17. 王月清. 中国古代哲学经典. 江苏：江苏人民出版社. 2014

18. 俞学明，陈红. 中国古代的哲学与宗教. 北京：希望出版社. 1999

19. 郭齐勇. 中国哲学史. 北京：高等教育出版社. 2015

20. 杨国荣. 中国哲学史. 北京：中国人民大学出版社. 2012

21. 方克立，郭齐勇等. 中国哲学史（上下册）. 北京：人民出版社. 2012

22. 徐潜等. 中国古代哲学思想. 长春：吉林出版集团和吉林文史出版社. 2014

中国传统民俗文化丛书

一、古代人物系列（13本）

1. 中国古代乞丐
2. 中国古代道士
3. 中国古代名帝
4. 中国古代名将
5. 中国古代名相
6. 中国古代文人
7. 中国古代高僧
8. 中国古代太监
9. 中国古代侠士
10. 中国古代幕僚
11. 中国古代皇后
12. 中国古代士人
13. 中国古代华侨

二、古代民俗系列（10本）

1. 中国古代民俗
2. 中国古代玩具
3. 中国古代服饰
4. 中国古代丧葬
5. 中国古代节日
6. 中国古代面具
7. 中国古代祭祀
8. 中国古代剪纸
9. 中国古代鞋帽
10. 中国古代生肖文化

三、古代收藏系列（16本）

1. 中国古代金银器
2. 中国古代漆器
3. 中国古代藏书
4. 中国古代石雕
5. 中国古代雕刻
6. 中国古代书法
7. 中国古代木雕
8. 中国古代玉器
9. 中国古代青铜器
10. 中国古代瓷器
11. 中国古代钱币
12. 中国古代酒具
13. 中国古代家具
14. 中国古代陶器
15. 中国古代年画
16. 中国古代砖雕

四、古代建筑系列（12本）

1. 中国古代建筑
2. 中国古代城墙
3. 中国古代陵墓
4. 中国古代砖瓦
5. 中国古代桥梁
6. 中国古塔
7. 中国古镇
8. 中国古代楼阁
9. 中国古都
10. 中国古代长城
11. 中国古代宫殿
12. 中国古代寺庙

五、古代科学技术系列（15本）

1. 中国古代科技
2. 中国古代农业
3. 中国古代水利
4. 中国古代医学
5. 中国古代版画
6. 中国古代养殖
7. 中国古代船舶
8. 中国古代兵器
9. 中国古代纺织与印染
10. 中国古代农具
11. 中国古代园艺
12. 中国古代天文历法
13. 中国古代印刷
14. 中国古代地理
15. 中国古代地方志

六、古代政治经济制度系列（16本）

1. 中国古代经济
2. 中国古代科举

3. 中国古代邮驿
4. 中国古代赋税
5. 中国古代关隘
6. 中国古代交通
7. 中国古代商号
8. 中国古代官制
9. 中国古代航海
10. 中国古代贸易
11. 中国古代军队
12. 中国古代法律
13. 中国古代战争
14. 中国古代衙门
15. 中国古代外交
16. 中国古代盐文化

15. 中国古代饮食
16. 中国古代娱乐
17. 中国古代兵书
18. 中国古代哲学
19. 中国古代宗祠
20. 中国古代奇案
21. 中国古代旅游
22. 中国古代家风
23. 中国古代地名
24. 中国古代家谱与年谱
25. 中国古代名字与别号
26. 中国古代墓志铭

七、古代文化系列（26本）

1. 中国古代婚姻
2. 中国古代武术
3. 中国古代城市
4. 中国古代教育
5. 中国古代家训
6. 中国古代书院
7. 中国古代典籍
8. 中国古代石窟
9. 中国古代战场
10. 中国古代礼仪
11. 中国古村落
12. 中国古代体育
13. 中国古代姓氏
14. 中国古代文房四宝

八、古代艺术系列（12本）

1. 中国古代艺术
2. 中国古代戏曲
3. 中国古代绘画
4. 中国古代音乐
5. 中国古代文学
6. 中国古代乐器
7. 中国古代刺绣
8. 中国古代碑刻
9. 中国古代舞蹈
10. 中国古代篆刻
11. 中国古代杂技
12. 中国古代民间工艺